INGLÉS PARA CONVERSAR

https://ipc.inglesen100dias.com/

Este curso en formato LibroWeb te ofrece un novedoso sistema de aprendizaje: el libro con los textos del curso y la web compañera con los contenidos audiovisuales e interactivos.

De este modo, no solo aprendes con el libro, sino que continúas aprendiendo y practicando en la web con audios, vídeos, ejercicios y actividades interactivas.

Y no estudiarás solo. Nuestros maestros te acompañarán respondiendo todas tus consultas y guiándote a lo largo del curso.

Penguin
Random House
Grupo Editorial

Inglés para Conversar
33a reimpresión: marzo de 2024
D.R. © 2015, TRIALTEA USA

© 2021, Inglés en 100 Días
© 2021, Penguin Random House Grupo Editorial USA, LLC
8950 SW 74th Court, Suite 2010
Miami, FL 33156

Diseño de cubierta: Melisa Chiavetto
Diseño de interiores: Marina García
Fotografías de cubierta: © Andres Rodriguez | Dreamstime.com

Impreso en Colombia / Printed in Colombia

ISBN: 978-1-949061-65-9

Índice

Unidades temáticas

Dialogues
Let's speak English
Verbs and multi-word verbs
Expanding your vocabulary
Let's practice

UNIT 1
Meeting co-workers

Conociendo a los compañeros de trabajo

Es el primer día de trabajo de Alyson Miranda en Stacey's Department Store. Esteban Páez le muestra el lugar y le presenta algunos compañeros de trabajo.

Esteban: **Excuse me**, are you Alyson Miranda?

Alyson: Yes, I am.

E: My name's Esteban Páez. **Welcome to** Stacey's Department Store.

A: Thank you very much. **I'm very happy to** start working here.

E: The Women's Shoes Department Manager is having a meeting right now, so I'll **show** you **around** the store. Are you ready for a guided tour?

A: **Sure.** Let's go!

E: This is the Home Appliances Department. I'm a sales employee, and I started working here 10 years ago. The Electronics and Computers Department is over here, and the Movies, Music and Games Department is right there.

A: **Wow**, this is a big store!

E: Yes, and this is just the first floor! Let's go up to the second floor. Here we are. That's the Women's Shoes Department over there, where you'll start today.

Tom: Oh, **how nice!**

E: Hi, Tom. This is Alyson Miranda. It's her first day at work.

T: Hello, Alyson! **Welcome to** Stacey's. **My name's** Thomas Roberts, **but everybody calls me** Tom.

A: Nice to meet you, Tom.

T: Nice to meet you too. I'm the Men's Clothing Department Manager. What's your Department?

A: Oh, you're a manager... that's an important job! I'm a sales employee at the Women's Shoes Department.

T: That's great! It's right over there. Are you happy to start working here?

A: Yes, of course, I'm very happy and, besides, it's very near my house.

T: Oh, yeah? Where do you live?

A: I live near Southside Park.

T: I live very near the park too! **What a small world!**

A: **I can't believe it.** It *is* a small world. I live with my parents and my son, Charlie. He's 4.

T: **Who would've guessed that!** So young and yet you have a child!

A: Well, tomorrow's my 22nd birthday.

T: **You're kidding!** Tomorrow's my birthday too! We could **get together** and celebrate both birthdays after work. Then you can meet some of your co-workers.

A: **That's a great idea!** Thank you very much for inviting me.

T: Esteban, are you coming with us tomorrow?

E: Of course. **Count** me **in!**

T: Great! So see you both tomorrow at six o'clock at Nick's Steakhouse. Esteban, could you tell Alyson how to get there? I've got to **get back** to work now. **I'm having one of those days** today. Bye!

E, A: Bye!

E: O.K, let's **go on** with our tour!

Esteban: Disculpa, ¿tú eres Alyson Miranda?

Alyson: Sí.

E: Mi nombre es Esteban Páez. **Bienvenida a** Stacey's Department Store.

A: Muchas gracias. **Estoy muy feliz** de comenzar a trabajar aquí.

E: El gerente del Departamento de Calzado para Damas está en una reunión en este momento, así que yo te **mostraré** la tienda. ¿Estás lista para una visita guiada?

A: **Sí, claro.** ¡Empecemos!

E: Este es el Departamento de Electrodomésticos. Yo soy vendedor y comencé a trabajar aquí hace 10 años. El Departamento de Artículos Electrónicos y Computadoras está aquí, y el Departamento de Películas, Música y Juegos está allá.

A: **¡Guau,** esta es una tienda enorme!

E: **Sí,** y este es solo el primer piso. Subamos al segundo piso. Aquí estamos. Aquel es el Departamento de Calzado para Damas, donde hoy comienzas a trabajar.

A: **¡Qué lindo** lugar!

E: ¡Hola, Tom! Te presento a Alyson Miranda. Hoy es su primer día de trabajo.

T: ¡Hola, Alyson! **Bienvenida a** Stacey's. **Mi nombre** es Thomas Roberts, **pero todos me llaman** Tom.

A: Encantada de conocerte, Tom.

T: Encantado de conocerte también. Soy el Gerente del Departamento de Ropa para Hombres. ¿Cuál es tu Departamento?

A: Ah, eres gerente ... ¡ese es un trabajo importante! Yo soy vendedora en el Departa-mento de Calzado para Damas.

T: ¡Qué bueno! Está justo ahí. ¿Estás contenta de empezar a trabajar aquí?

A: Sí, claro, estoy muy contenta y además está muy cerca de

Life in the US

Si no puedes pronunciar muy bien una palabra en inglés, no importa, los estadounidenses lo aceptan y no son ofendidos por tu acento latino.

Por lo tanto, no tengas vergüenza de lanzarte a hablar inglés porque en los EEUU no es como en otros países donde no se acepta que las personas extranjeras no pronuncien bien su idioma.

Esto se da porque EEUU es un país de inmigrantes en donde se tiene tolerancia con todos los acentos y formas de pronunciar.

¡¡¡Aprovecha esto y ponte a hablar sin complejos!!!

mi casa.

T: Ah, ¿sí? ¿Dónde vives?

A: Vivo cerca de Southside Park.

T: ¡Yo vivo muy cerca del parque también! **¡Qué chico es el mundo!**

A: **¡No puedo creerlo!** El mundo *es* chico. Vivo con mis padres y mi hijo, Charlie. Él tiene 4 años.

T: **¡Quién lo hubiera dicho!** Tan joven y ya tienes un hijo.

A: Bueno, mañana cumplo 22 años.

T: **¡Estás bromeando!** ¡Mañana es mi cumpleaños también! Podríamos **juntarnos** y celebrar los dos cumpleaños después del trabajo. Así puedes conocer a algunos de tus compañeros de trabajo.

A: **¡Es una muy buena idea!**

Muchas gracias por invitarme.

T: Esteban, ¿vienes con nosotros mañana?

E: Por supuesto. **¡Cuenten conmigo!**

T: ¡Fantástico! Entonces los veo a los dos mañana a las 6 en Nick´s Steakhouse. Esteban, ¿podrías indicarle a Alyson como llegar allí? Tengo que **volver** al trabajo ahora. **Hoy tengo un día de esos.** ¡Hasta luego!

E, A: ¡Hasta luego!

E: Bien, **sigamos** con la visita.

ipc.inglesen100dias.com

¡Escucha los audios en la web!

Let's speak English *Hablemos en inglés*

1 **Excuse me!**

Usamos esta expresión para **llamar la atención** de alguien:

Excuse me, is this your umbrella?
Disculpe, ¿es este su paraguas?

Excuse me, this way please!
Disculpen, ¡por aquí por favor!

2 Cuando queremos **dar la bienvenida** a alguien, usamos el verbo **Welcome:**

Welcome to the United States!
Bienvenidos a los Estados Unidos.

Welcome to the show!
Bienvenidos al show.

Welcome home!
Bienvenida a casa.

3 Para expresar **agradecimiento y placer:**

I'm very
I'm really } happy to
I'm so } be here.

Estoy tan
Estoy muy } feliz de
Estoy realmente } estar aquí.

I'm glad
It's good } to be here

Estoy contento de estar aquí.
Es bueno estar aquí.

4 Cuando quieres que **te llamen de una determinada manera,** puedes decir:

My name is Teresa, **but everybody calls / you can call me** Tess.

Mi nombre es Teresa, **pero todos me llaman / pero puedes llamarme** Tess.

Fíjate en la siguiente expresión:
Welcome to the club!
La usas cuando ya has tenido o **estas** viviendo la experiencia o situación que alguien te está contando:

-I have to go on a diet.
Tengo que empezar una dieta.

-**Welcome to the club!**
¡Bienvenido al club!
(Nosotros/Yo también).

5 Para expresar **agrado o disgusto,** puedes decir:
(consulta la gramática)

How beautiful!
¡Qué hermoso!

How terrible!
¡Qué terrible!

6 Estas expresiones se usan para expresar **sorpresa:**

Sharon's getting married.
I can't believe it!
¡No puedo creerlo!

She lost 65 pounds!
You're kidding! / ¡Estás bromeando!
Who would've guessed that!
¡Quién lo hubiera dicho!

I saw my neighbor at the doctor's!
What a small world!
¡Qué chico es el mundo!

He bought a BMW.
Wow! / ¡Guau!

7 Cuando **aceptas invitaciones o sugerencias,** puedes usar estas frases:

Let's go skating in the park!
That's a great idea!
Sounds great! / Sounds good!

Would you like to come to my birthday party? **I'd love to!**

8 Cuando tienes **un día complicado,** puedes decir:

One of those days!
Hoy es uno de esos días.
Hoy tengo un día complicado.

Verbs and multi-word verbs *Verbos y verbos compuestos*

-Estos verbos tienen, básicamente, los siguientes significados:

Go (went/gone):

-Ir.　　　　Ethan **went** to the movies yesterday.
Ethan **fue** al cine ayer.

Get (got/gotten):

-Comprar.　　She **got** another pair of shoes.
Ella se **compró** otro par de zapatos.

-Conseguir.　I couldn't **get** an interview.
No pude **conseguir** una entrevista.

-Llegar.　　Jenny **got** home at 9 yesterday.
Jenny **llegó** a casa a las 9 ayer.

- Estar transformándose algo/alguien
(+adjetivo).

It's **getting** dark. / Está oscureciendo.
I'm **getting** tired. / Me estoy cansando.

Show (showed/shown):

-Mostrar.　　I'll **show** you my new car. / Te **mostraré** mi nuevo automóvil.

Count (counted/counted):

-Contar.　　He's learning to **count.**

Estudiemos algunos **verbos compuestos** muy comunes con **count**, **show**, **get** y **go**:

Count

Count in: Contar con
(incluir a alguien en una actividad).
You can **count** me **in** for the party.
Pueden contar conmigo para la fiesta.

Count on: Contar con, confiar.
You can **count on** me, I'm your friend.
Puedes contar conmigo, soy tu amigo.

Show

Show around:
mostrar un lugar.
Let me **show** you **around** the office.
Permíteme **mostrarte** la oficina.

Show up: llegar a donde te
esperan, aparecer.
He didn't **show up** for the party.
No **apareció** en la fiesta.

Show off: jactarse, hacer alarde.
She's a good student, but she's always
showing off in front of everybody.
Es una buena estudiante, pero siempre
se jacta delante de todos.

Get

Get along with:
Llevarse (bien o mal) con alguien.
I don't get along very well with my new neighbor.
No me llevo muy bien con mi nuevo vecino.

Get back: Regresar
We got back to the hotel at 11 p.m.
Regresamos al hotel a las 11 p.m.

Get in: Entrar/ subir a un automóvil.
Get in the car! It's raining!
¡Entra al auto! ¡Está lloviendo!

Get out of: Salir/ bajar de un automóvil.
He got out of the car and started running.
Se bajó del automóvil y comenzó a correr.

Get on: Subir a
(tren, autobús, avión, etc.).
The children are getting on the school bus.
Los niños están subiendo al autobús.

Get off: Bajar de
(tren, autobús, avión, etc.).
When he got off the train, he looked tired.
Cuando se bajó del tren, se veía cansado.

Get together: Encontrarse, reunirse.
Let's get together and celebrate!
Juntémonos a celebrar.

Get up: Levantarse de la cama
I usually get up at 7:30.
Generalmente me levanto a las 7.30.

Get by: Arreglárselas
I don't know how they get by with three kids.
No sé cómo se las arreglan con tres niños.

Get to: Llegar
He didn't get to school on time.
No llegó a tiempo a la escuela.

Go

Go away: Irse de un lugar
(generalmente para órdenes).
Go away, I'm busy!
¡Vete, estoy ocupada!

Go back: Regresar a un lugar
que ya se conoce.
He went back to his old school.
Regresó a su antigua escuela.

Go off: Sonar (la alarma de
un reloj despertador).
My alarm clock didn't go off today.
Mi despertador no sonó hoy.

Go out: Salir.
Would you like to go out for dinner?
¿Te gustaría salir a cenar?

Go on: Continuar, seguir.
We couldn't go on talking.
No pudimos seguir hablando.

-Suceder.
What's going on here?
¿Qué sucede aquí?

Go up: Aumentar, subir.
Prices have gone up.
Los precios aumentaron.

Go down: Disminuir, bajar.
The rents have gone down.
Los alquileres han bajado.

Learning Tips

Escucha todo el tiempo que puedas música en inglés y trata de entender y memorizar las letras de las canciones. Busca las letras de las canciones en los discos o en Internet, luego imprímelas o escríbelas en un cuaderno e intenta descifrar el significado de las palabras, luego usa estas palabras o frases en conversaciones diarias.
¡Te divertirás al mismo tiempo que aprendes nuevo vocabulario!

Expanding your vocabulary
Aumenta tu vocabulario

Going Shopping
/ Ir de Compras

Cuando tienes que **ir de compras**, puedes ir a alguno de estos lugares:

Stores o **shops:**
Son tiendas que venden mercadería directamente al público y se encuentran ubicadas, por lo general, en la calle principal o **main street.**

Drugstores: En este lugar encontrarás una **pharmacy** (farmacia) donde podrás comprar **medicines** (medicamentos). También encontrarás, **toys** (juguetes), **electronic products** (artículos electrónicos), **office supplies** (artículos de oficina), **auto accesories** (accesorios para el automóvil), **school supplies** (artículos escolares), **kitchen appliances** (electrodomésticos), etc.

Convenience Stores: Son tiendas que se encuentran ubicadas en calles comerciales y **gas stations** (gasolineras). Venden, entre otras mercaderías, **beer**(cerveza), **comidas rápidas** (fast food), **candy** (golosinas), **ice-cream** (helados), **soft drinks** (colas), **cigarettes** (cigarrillos), **newspapers and magazines** (diarios y revistas), **lottery tickets** (billetes de lotería), **toiletries** (artículos de tocador) etc. Se encuentran generalmente abiertas las 24 horas y sus precios son más caros que los supermercados. También se los llama **mini-marts (mini markets).**

Discount Stores:
Tiendas que ofrecen mercaderías con descuentos.

Thrift Stores: Son tiendas donde se consigue mercadería de segunda mano a precios muy convenientes.

Supermarket: Supermercado.

Outlet Malls/Centers: Son centros de venta en los que los fabricantes venden sus productos directamente al público. Están ubicados en los suburbios de las grandes ciudades y se pueden conseguir a muy buen precio ropa, calzados deportivos, artefactos electricos, cosméticos y juguetes.

Department Stores: Son grandes tiendas divididas en diferentes departamentos donde se puede comprar toda clase de mercaderías. Algunos de los departamentos típicos que encontrarás son: **Appliances** (electrodomésticos), **Clothing** (vestimenta), **Baby** (artículos para bebés), **Tools** (herramientas), **Jewelry & Watches** (joyas y relojes), etc.

Shopping Centers: Son amplios centros de compras donde puedes encontrar tiendas de las principales marcas, además de restaurantes, parqueos y salas de cine. También los verás con estos nombres: **plaza, mall, center, shopping mall.**

Let's practice
Practiquemos

Las respuestas (Key) están al pie de la página.

A. Elige la frase verbal que tenga el mismo significado que la expresión en **negrita**:

1) Josh is **having a better relationship with** his co-workers now.
- **a**-getting along with
- **b**-getting together
- **c**-getting off

2) My alarm clock didn't **sound** this morning, so I arrived at the office one hour late.
- **a**-go on
- **b**-go off
- **c**-go out

3) Let's **exit** the car and walk to the river.
- **a**-get off
- **b**-get out of
- **c**-show around

4) Jason is a very good person; you can always **trust him** when you need it.
- **a**-count him in
- **b**-count on him
- **c**-count

5) I really don't know what's **happening to** her.
- **a**-going on with
- **b**-going down
- **c**-counting in

6) I've never **returned** to Paris.
- **a**-gone away
- **b**-shown around
- **c**-gone back

7) I have **to arrive at** the school by 4:00 p.m.
- **a**-get by
- **b**-get on
- **c**-get to

B. ¿Cuál es la mejor respuesta para las siguientes situaciones?

1) Tom: I live near the park too! _____
_____ .
Alyson:
- **a**-That's a good idea!
- **b**-What a small world!
- **c**- Sure!

2) _____, I think that's my umbrella.
- **a**-How nice!
- **b**-Excuse me
- **c**-I can't believe it!

3) Tom: I stopped smoking!
Josh: Me too. _____.
- **a**-Are you ready?
- **b**-That's a great idea!
- **c**-Welcome to the club!

4) My boss shouted at me, my girlfriend doesn't speak to me and now, I lost my wallet! _____.
- **a**-I'm having one of those days!
- **b**-What a small world!
- **c**-That's a great idea!

5) If you need to buy some medicines, you can go to a _____.
- **a**-drugstore
- **b**-thrift store
- **c**-shopping center

6) _____ are generally open 24 hours.
- **a**-Discount stores
- **b**-Convenience stores
- **c**-Outlet malls

ipc.inglesen100dias.com

UNIT 2

Happy birthday!

¡Feliz cumpleaños!

Tom y Alyson festejan sus cumpleaños en un restaurante, junto con Esteban y otros compañeros de trabajo. Tom presenta a su novia Barbara.

Alyson: Hi, Tom! Happy birthday!

Tom: Hi, Alyson!! Happy birthday to you too! **Let's** celebrate!

A: **What a** great place you've **picked out!** And the music, I love country music!

T: Alyson, this is Barbara, my girlfriend. She works at Stacey's too.

A: Oh, hi Barbara, nice to meet you.

Barbara: Hi! Are you new at the store? I've never seen you there...

A: Yes, today was my second day at work and I'm very tired.

B: Which department do you work in?

A: I work in the Women's Shoes Department as a sales employee. **How about you**?

B: I work in the best Department: Cosmetics.

Esteban: **I'm starving**. Do you want to **have a bite to eat?**

T: Yeah, some beer, steak and salad sounds good to me.

A: For me too, but I'd prefer a Coke.

B: Oh, no! Please, Tom, you know I hate steak. Let me see... I'll have the lobster, please. And a glass of white wine. So, Alice, do you **come from** El Salvador, like Esteban?

T: Her name's Alyson, babe...

A: That's OK ... No, I **was born** here but my parents are Mexican.

B: Do your parents live in Mexico?

A: No, they don't. They live here with me. I'll show you some photos of my family. Here they are. These are my parents, and this is my son.

B: Oh, nice, ...and your... husband?

A: No, er... I never **got married**. I **broke up** with Charlie's father before he **was born**, and I never saw him again. Since then, I've had to **get by on my own**. But my parents always **lend** me **a hand**, and I try to **make the best** of things.

B: Oh! **I'm sorry to hear that**. I wouldn't like **to be in your shoes**!

T: Barbara, please...

A: I don't complain. I have a happy life with the people I love and I have a new job. That's enough for me.

T: Look, guys, our meal is ready and it smells delicious!

Alyson: Hola, Tom. ¡Feliz cumpleaños!

Tom: Hola, Alyson. ¡Feliz cumpleaños para ti también! **¡Vamos a** celebrar!

A: **¡Qué** buen lugar **elegiste!** Y la música, ¡me encanta la música country!

T: Alyson, te presento a Barbara, mi novia. Ella trabaja en Stacey's también.

A: Ah, hola Barbara, encantada de conocerte.

Barbara: ¡Hola! ¿Eres nueva en la tienda? Nunca te he visto allí...

A: Sí, hoy fue mi segundo día de trabajo y estoy muy cansada.

B: ¿En qué departamento trabajas?

A: Trabajo en el Departamento de Calzado para Damas como vendedora. **¿Y tú?**

B: Yo trabajo en el mejor departamento: Cosméticos.

Esteban: **Me estoy muriendo de hambre.** ¿Quieren que **comamos algo?**

T: Sí, un poco de cerveza, un bife y una ensalada me parece bien.

A: Para mí también, pero preferiría una Coca Cola.

B: ¡Ah, no! Por favor, Tom, tú sabes que odio los bifes. A ver... Voy a comer la langosta, por favor. Y un vaso de vino blanco. Entonces, Alice, **¿vienes de** El Salvador, como Esteban?

T: Se llama Alyson, cariño...

A: No hay problema. No, yo **nací** aquí, pero mis padres son mexicanos.

B: ¿Tus padres viven en México?

A: No, ellos viven aquí conmigo. Les mostraré algunas fotos de mi familia. Aquí están. Estos son mis padres y este es mi hijo.

B: Ah, qué bien,... ¿y tu... marido?

A: No, eh... Yo nunca **me casé. Terminé mi relación** con el padre de Charlie antes de que él **naciera,** y nunca volví a verlo. Desde ese momento, he tenido que **arreglármelas por mí misma.** Pero mis padres siempre me **dan una mano,** y yo trato de **tomar lo mejor de cada situación.**

B: **Lo lamento.** No me gustaría **estar en tu lugar.**

T: Barbara, por favor...

A: No me quejo. Tengo una vida feliz con la gente que quiero, y tengo un nuevo trabajo. Esto es suficiente para mí.

T: Miren, ¡nuestra comida está lista y huele muy bien!

¡Escucha los audios en la web!

Let's speak English
Hablemos en inglés

1 Cuando queremos **sugerir algo,** podemos usar estas frases (Consulta los Apuntes de gramática):

Let's celebrate!
¡**Vamos** a celebrar!

Why don't we watch a movie?
¿**Por qué no** miramos una película?

Why not get some pizzas?
¿**Por qué no** pedimos unas pizzas?

Maybe we **could** invite her.
Quizás **podríamos** invitarla.

How about inviting Tom?
¿**Qué tal si** invitamos a Tom?

2 Esta última frase también puede usarse para preguntarle a alguien lo mismo que te ha preguntado a ti. En este caso es equivalente a **And you?:**

- Where do you work?
¿Dónde trabajas?

- At Stacey's. **How About you?/And you?**
En Stacey's. ¿**Y tú?**

- At Smith & Jones.
En Smith & Jones.

3 Cuando quieres **expresar agrado,** puedes decir (Consulta los Apuntes de gramática):

What a lovely place!
¡**Qué** lugar hermoso!

What beautiful girls!
¡**Qué** muchachas hermosas!

4 Para reaccionar ante una noticia negativa, puedes decir:

I'm sorry to hear that!

That's too bad!

- I lost my dog!
Perdí a mi perro
- **I'm sorry to hear that!**
¡Lo siento!

Life in the US

La bandera americana tiene estrellas y barras, y ambas tienen su significado. Las 13 barras blancas y rojas representan las 13 colonias originales que existían en lo que hoy es Estados Unidos antes de la independencia de los ingleses en 1776.

Las 50 estrellas blancas sobre el cuadrado azul representan los 50 estados que forman actualmente los Estados Unidos. De hecho, son 49 estados y un distrito, el Distrito de Columbia, que es donde queda la capital del país, Washington.

---

5 Cuando quieres decirle a alguien que **no se preocupe**, puedes usar estas expresiones:

Don't worry!
No te preocupes.

Never mind!
No importa / No te hagas problemas.

That's OK:
Está bien.

- I forgot to bring you the books!
- ¡Me olvidé de traerte los libros!

- **Don't worry.** I'm not going to study this weekend.
- **No te preocupes.** No voy a estudiar este fin de semana.

---

6 Fíjate en el significado de estas expresiones:

I try to **make the best of things.**
Trato de tomar lo mejor de cada situación.

I wouldn't like to be in your shoes!
¡No me gustaría estar en tu lugar!

My parents always **lend/give** me **a hand.**
Mis padres siempre me dan una mano.

---

7 Cuando quieres decir que has hecho algo **por tus propios medios o solo, sin ayuda** puedes usar:

I built this house **on my own.**
Construí esta casa yo solo/sin ayuda.

I did the whole exercise **by myself.**
Hice todo el ejercicio por mí misma.

---

8 Cuando tienes **hambre o sed**, puedes expresarlo de esta manera:

I'm hungry!
¡Tengo hambre!

I'm starving!
¡Me estoy muriendo de hambre!

I'm thirsty!
¡Tengo sed!

---

9 La expresión **«get married»** significa «casarse»:

I **got married** three years ago.
Me casé hace tres años.

- Mientras que **«be married»** significa «estar casado»:

Are you **married**?
¿Estás casado?

---

10 Fíjate como se forma el verbo «nacer»: **To be + born.** Se usa la mayoría de las veces en **simple past**:

I **was born** in a small town.
Nací en una ciudad pequeña.

They **were born** on the same day.
Ellos **nacieron** el mismo día.

Verbs and multi-word verbs *Verbos y verbos compuestos*

(Consulta los Apuntes de gramática)

-Estos verbos tienen, básicamente, los siguientes significados:_

Pick (picked/picked):
- Elegir.

Pick a watch, and I'll buy it for you.
Elige un reloj y te lo compraré

Break (broke/broken):

- Romper.

I **broke** my new glasses!
Rompí mis anteojos nuevos

- Quebrar
(partes del cuerpo)

She **broke** her arm in the accident.
Se **quebró** el brazo en un accidente

Come (came/come):

- Venir, ir junto.

Are you **coming** with us?
¿**Vienes** con nosotros?

- Ir hacia donde está
la persona con la
que hablas.

I could **come** and talk to you.
Podría **ir** (adonde estás) y conversar contigo

- Venir, existir.

These shoes only **come** in black.
Estos zapatos solo **vienen** en negro

Estudiemos algunos **verbos compuestos** muy comunes con **pick**, **break** y **come**:

Break

Break down: Romperse, dejar de funcionar (una máquina, un automóvil, etc.).
My computer **broke down** and I couldn't finish my work!
Mi computadora **dejó de funcionar** y no pude terminar el trabajo.

Break up: Romper una relación.
They **broke up** when she moved.
Ellos **terminaron su relación** cuando ella se mudó.

Pick

Pick out: Elegir, seleccionar.
He **picked out** a big ring for her.
Eligió un anillo grande para ella.

Pick up:
-Levantar algo del piso, mesa, etc.
Please, **pick up** the towels from the bathroom floor.
Por favor levanta las toallas del piso del baño

-Pasar a buscar a alguien o algo.
I have to **pick** my son **up** from school at 5.
Tengo que pasar a buscar a mi hijo de la escuela a las 5.

Come

Come from: Venir de un lugar (ciudad, país, región).
We **come from** Venezuela.
Venimos de Venezuela.

Come on:

-Pedirle a alguien que se apure.
Come on! We're leaving
in 5 minutes.
¡Vamos! ¡Apúrate! Salimos en 5 minutos.

-Expresar enojo o descreimiento:
You won the lottery? **Come on!**
¿Tú ganaste la lotería?
¡Vamos! (¡No es cierto!)

Come back: Regresar
Come back soon!
¡Regresa pronto!

Come up with: Sugerir
He **came up with** a great idea.
Sugirió una idea muy buena.

Learning Tips

Ver la televisión y escuchar la radio en inglés te permitirá ganar vocabulario y comprensión del idioma. Además, te hará más fácil aprender la pronunciación y el uso de las expresiones más comunes. Puede que al principio no entiendas todo lo que dicen, pero sin darte cuenta verás cómo cada día entiendes más. ¿Sabías que el 90% de los inmigrantes a Estados Unidos mencionan ver la TV y escuchar la radio como las actividades que más les han ayudado a aprender inglés?. Haz ese pequeño esfuerzo y enseguida verás los buenos resultados que da.

Expanding your vocabulary
Aumenta tu vocabulario

Eating out
/ Salir a comer

Restaurants: Existen diferentes tipos de **restaurants** (restaurantes), desde los que ofrecen un menú general, hasta los que se especializan en un tipo de comida en especial, por ej: **seafood** (pescados y mariscos), **vegetarian** (vegetarianos), **ethnic** (étnicos): French, Italian, Chinese, Japanese, Mexican, etc.

Steakhouse: Restaurante que se especializa en **beefsteaks** (costeletas de carne vacuna). Algunos platos típicos son el **surf and turf** (carne vacuna y langosta), y acompañamientos como **baked potatoes** (papas al horno). También ofrecen **lobster** (langosta), **fish** (pescado), **chicken** (pollo), **pork** (cerdo).

Potluck: Reunión en una casa de familia, un centro comunitario o una iglesia donde cada una de las personas lleva algo para comer.

Drive-thru: En estos restaurantes compras **fast food** desde el automóvil. **Take-out:** Es un restaurante donde se compra **comida para llevar** y comer en otro lugar. Muchos de estos lugares también llevan la comida al domicilio del cliente (**delivery**).

Eating at home:
Comer en casa

Fast food restaurants: Se sirven comidas rápidas, como por ejemplo **hamburgers** (hamburguesas), **fish and chips** (pescado frito con papas fritas), **sandwiches**, **breaded chicken** (milanesas de pollo), **french fries** (papas fritas), **chicken nuggets** (bocaditos fritos de pollo), **tacos**, **pizza**, **mashed potatoes** (puré de papas), **salads** (ensaladas) y **ice cream** (helado).

Barbecue: Una comida al aire libre, en la que se come, generalmente, carne y otras comidas asadas.

Coffee store, café: Son lugares donde se puede beber **coffee** (café), **tea** (té) y comer **sandwiches** y **cakes** (tortas).

Delicatessen o **deli:** Ofrecen un menú más fresco y variado que las cadenas de fast food restaurants. Tienen un amplio menú de sandwiches **made to order** (hechos a pedido), como el **club sandwich** (hechos con **white bread** / pan blanco), **ham** (jamón), **turkey** (pavo), **cheese** (queso), **bacon** (tocino) y **mayonnaise** (mayonesa). El **pastrami sandwich** (salame hecho con carne vacuna ahumada y pimienta) también es típico de estos lugares. También se pueden comprar aquí **cold cuts** (fiambres), **salads** (ensaladas), **cookies** (galletas dulces), **pastries** (tartas y pasteles para el desayuno) y **bagels** (roscas).

Cookout: Una comida al aire libre, en el jardín de una casa, organizada muchas veces para una fiesta.

Let's practice
Practiquemos

Las respuestas **(Key)** *están al pie de la próxima página.*

A. ¿Pick, break o **come?** Elige el verbo adecuado para cada espacio en blanco.

1) Oh, my God! I _____ three dishes!

2) They _____ him to play soccer in the university team.

3) She fell down from the stairs and _____ a leg.

4) Are you _____ to the party?

5) They _____ the shortest way.

6) Brad didn't _____ to the office yesterday.

B. Une los verbos compuestos con su significado en español. La primera frase te sirve de ejemplo:

1) come from (*f*)
2) pick up (__)
3) come on (__)
4) pick out (__)
5) break down (__)
6) come back (__)
7) break up (__)
8) pick up (__)

a) levantar algo
b) regresar
c) elegir
d) apurarse
e) romper
f) venir de
g) pasar a buscar
h) terminar una relación

C. Coloca las frases del ejercicio **B** en la oración adecuada:

1) He _____ the most romantic restaurant in town.

2) They _____ Rio de Janeiro, a beautiful city in Brazil.

3) The washing machine _____, so I have to call the repairman.

4) _____! We're going to miss the train!

5) I'll talk to her when I _____ home in the evening.

6) I _____ with my boyfriend last summer.

7) She _____ her clothes and put them in the closet.

8) Oh my God! I forgot to _____ Annie from the shopping mall!

D. Completa el espacio en blanco con el lugar adecuado para cada situación:

1) You want to eat a **hamburguer**, so you go to a _____.

2) You want to eat good **pasta**, so you go to an _____.

3) You want to eat a **club sandwich**, so you go to a _____.

4) You want to eat **surf and turf**, so you go to a _____.

5) You want to **invite friends over** for your birthday, so you organize a _____.

6) You want to **eat at home**, so you buy food at a _____.

7) You are **driving home**, and you decide to buy some food at a _____.

8) You want to drink **a cup of good coffee**, so you go to a _____.

¡Escucha los audios en la web!

UNIT 3

Work and family

El trabajo y la familia

Alyson le cuenta a Esteban sus problemas para organizar sus horarios de trabajo y el horario escolar de su hijo.

Esteban: Alyson! **How are you doing?**

Alyson: **Not too bad.** I like my new job and the people here are very nice.

E: You look worried. **Is anything wrong?**

A: No …it's just that… **Forget it.** I don't want to bother you. I'll **figure out what to do.**

E: Come on, you **can** count on me. **What's the matter?**

A: It's about my work schedule. It clashes with my son's preschool schedule.

E: **I see.** What are your hours of work?

A: I have to get to work at 9 and I finish at 5. I have to **drop** Charlie **off** at 9 too. I'm worried that I'll **turn up** late. It's hard **to juggle** work and family!

E: Maybe your parents **can help** you **out.**

A: Well, **actually**, my mother picks him up at 5 everyday, but she is busy in the morning. And besides, they also work, so I don't want to cause them any problems. Sometimes I think **I won't be able to make it.**

E: **Take it easy.** Why don't you ask your supervisor for a flexible work schedule?

A: Flexible work schedule? What's that?

E: It means you **can** choose the time you arrive and leave. For example, you **can** start working between 9 and 10. If you get to work at 9.15, then you **have to** leave at 5.15.

A: Oh, that's just what I need! Thanks a lot for your advice. I'll go and talk to the supervisor right now.

E: Well, **you see, things always have a way of working themselves out.**

Esteban: ¡Alyson! ¿Cómo te va?

Alyson: **Bastante bien.** Me gusta mi trabajo y la gente es muy agradable.

E: Te ves preocupada. **¿Te sucede algo?**

A: No ... es solo que ... **Olvídalo.** No quiero molestarte. Ya **resolveré qué hacer.**

E: Vamos, **puedes** confiar en mí. **¿Qué te pasa?**

A: Tiene que ver con mi horario de trabajo. Se superpone con el horario del preescolar de mi hijo.

E: **Entiendo.** ¿Cuál es tu horario de trabajo?

A: Tengo que llegar a las 9 y termino a las 5. Tengo que **llevar** a Charlie también a las 9. ¡Me preocupa que voy a **llegar** tarde! ¡No es fácil **hacer malabares** entre el trabajo y la familia!

E: Quizás tus padres puedan **ayudarte.**

A: Bueno, **en realidad,** mi madre lo va a buscar a las 5 todos los días, pero a la mañana está ocupada. Y, además, ellos también trabajan, así que no quiero causarles ningún problema. ¡A veces pienso que **no voy a poder con todo!**

E: **Tómalo con calma.** ¿Por qué no le pides a tu supervisor un horario de trabajo flexible?

A: ¿Horario de trabajo flexible? ¿De qué se trata?

E: Significa que **puedes** elegir el horario en que llegas y te retiras. Por ejemplo, **puedes** comenzar a trabajar entre las 9 y las 10. Si llegas a las 9:15, **tienes que** retirarte a las 5:15.

A: ¡Eso es justo lo que necesito! Muchas gracias por tu consejo. Iré a hablar con el supervisor ya mismo.

E: Bueno, **ves, las cosas siempre se pueden solucionar de alguna manera.**

Life in the US

El sistema escolar en Estados Unidos no es único y nacional para todo el país, sino que varía de estado a estado, pues son los Estados los que lo regulan. No obstante, varía poco y básicamente se divide en:

Pre-school: para niños con edad menor a kindergarden (menos de 5 años)

Kindergarten: en las escuelas públicas es medio día únicamente. (desde 5 años)

Elementary School (Grade School): grados 1 a 6 (de 6 a 12 años)

Middle School: grados 7 y 8 (13 a 14 años)

High School: grados 9 a 12 (de 15 a 18 años)

La escuela pública es gratuíta y obligatoria hasta los 16 años.

Let's speak English
Hablemos en inglés

¡Escucha los audios en la web!

1 Para **reconfortar o calmar a alguien**, puedes usar estas frases:

-**Take it easy.**
Tómalo con calma.

-**Things always have a way of working themselves out.**
Las cosas siempre se pueden solucionan de alguna manera.

2 Para expresar **possibility** (posibilidad) puedes usar estos auxiliares
(Consulta los Apuntes de gramática)**:**

can - may - might - could

She **may** come later
Puede venir más tarde /Quizás venga más tarde.

He **might** get an athletic scholarship.
Puede obtener una beca para atletas.

I **could** talk to him.
Yo **podría** hablar con él.

Maybe they **can** come tomorrow.
Quizás **puedan** venir mañana.

3 Estas son diferentes maneras de **saludar informalmente**:

Hi Alyson, — Hola, Alyson

— **how are you?**
cómo estás?

— **how are you doing?**
cómo estás?

— **how's it going?**
cómo te va?

— **how are things?**
cómo van las cosas?

-Y puedes contestar con las siguientes frases:

Not too bad.
Bastante bien. *(literalmente: no demasiado mal)*

Fine, thanks. / Bien, gracias.

I'm all right. / Estoy bien.

Very well, and you? / Muy bien, ¿y tú?

4 En esta frase el verbo **make** puede reemplazar a cualquier acción a la que te refieras, que se haya mencionado antes:

I won´t be able to **make it.**
No podré **lograrlo/terminarlo/llegar/ganar.**

The movie starts in ten minutes. If you don't hurry, we won't **make it.**
La película comienza en diez minutos. Si no te apuras, no **llegaremos.**

5 Cuando quieres saber si hay **algún problema**, puedes preguntar:

Is anything wrong?
¿Algo anda mal?

What's wrong?
¿Qué te pasa?

What's wrong with you?
¿Qué te sucede?

What's the matter?
¿Qué pasa?

6 Para expresar **obligation** (obligación) o **necessity** (necesidad), puedes usar el auxiliar **have to** (Consulta los Apuntes de gramática):

I **have to** pick him up at 5.
Tengo que pasar a buscarlo a las 5.

Do you **have to** work on Saturdays?
¿Tienes que trabajar los sábados?

7 Fíjate en estas expresiones:

Cuando algo no es importante o es imposible: **Forget it.** Olvídalo.

Para mostrar que has comprendido: **I see!** Entiendo.

Para mostrarle a alguien que todo no es tan difícil: **You see.** ¿Ves?

Cuando estás discutiendo y desafías: **So what?** ¿Y qué?

Para reafirmar una idea: **Actually.** En realidad.

Verbs and multi-word verbs *Verbos y verbos compuestos*

(Consulta los Apuntes de gramática)

-Estos verbos tienen, básicamente, los siguientes significados:

Figure (figured/figured):

- Esperar, creer o pensar (que algo va a suceder de una determinada manera):

They **figured** she was not coming.
Pensaron/se imaginaron que ella no vendría.

Turn (turned/turned):

- Doblar o cambiar de dirección.

They **turned** right at the corner.
Doblaron en la esquina.

- Transformarse, volverse.

The tree leaves **turn** yellow in the fall.
Las hojas de los árboles se **vuelven** amarillas en el otoño.

Work (worked/worked):

- Trabajar.

She **works** in a hospital.
Ella **trabaja** en un hospital.

- Funcionar (artefacto o plan, etc.).

This telephone doesn't **work**.
Este teléfono no **funciona**.

The plan **worked** as we expected.
El plan **funcionó** como lo esperábamos.

Help (helped/helped):

- Ayudar.

My parents **help** me a lot.
Mis padres me **ayudan** mucho.

- Servir (a uno mismo o a alguien).

Help yourself to some coffee.
Sírvete café.

Drop (dropped/dropped):

- Hacer caer.

He **dropped** the bottle of wine!
¡**Hizo caer** la botella de vino!

Estudiemos algunos **verbos compuestos** muy comunes con **figure, help, turn, work** y **drop:**

Figure

Figure out: -Comprender algo.
I can't **figure out** what she wants.
No **comprendo** qué quiere.

-Comprender a alguien.
I could never **figure** Barbara **out**
Nunca pude **comprender** a Barbara.

-Resolver una situación.
I'll **figure** it **out**, don't worry.
Lo **resolveré**, no te preocupes.

Work

Work out: -Desarrollar (un plan).
Stacey's is **working out** a new benefits plan.
Stacey's está **desarrollando** un nuevo plan de beneficios.

-Funcionar/resultar (una situación).
They started dating but it didn't **work out**
Comenzaron a salir pero no **funcionó**.

-Se calcula en (una cantidad).
The interest rate **works out** at 7% per year.
La tasa de interés **se calcula** en un 7% anual.

-Hacer ejercicio físico:
Sharon **works out** in the gym twice a week.
Sharon **hace ejercicios** en el gimnasio dos veces por semana

Drop

Drop off: Llevar y dejar a alguien en algún lugar.
I **dropped** him **off** at the movie theater.
Lo **llevé** al cine/ lo **dejé** en el cine.

Drop in: Ir a visitar a alguien sin haberlo planeado.
I was very near her house, so I just **dropped in**.
Estaba muy cerca de su casa, así que **pasé a visitarla**.

Drop out: Abandonar los estudios.
He **dropped out** after he failed his math test.
Abandonó los estudios después de que no aprobó el exámen de matemática.

Help

Help out: Ayudar a alguien con trabajo o prestándole dinero
My parents **help me** out by taking care of my son.
Mis padres me **ayudan** cuidando a mi hijo.

Turn

Turn up: -Llegar a un lugar.
She **turned up** late to the party.
Llegó tarde a la fiesta.

-Encontrar algo o a alguien.
My cell phone hasn't **turned up** yet!
¡Mi celular no ha **aparecido** todavía!

Turn on: -Encender
Turn on the lights, please.
Enciende las luces, por favor.

-Abrir (una llave de paso)
Did you **turn on** the gas?
¿Abriste la llave de gas?

Turn off: -Apagar.
Turn off the TV if you're not watching.
Apaga el televisor si no lo estás mirando.

-Cerrar (una llave, canilla).
Turn off the water faucet.
Cierra la canilla.

Turn out: -Resultar.
The movie **turned out** to be very funny.
La película resultó ser muy divertida.

Learning Tips

Sin tomar un diccionario busca un libro, un periódico o una revista y lee un párrafo o artículo que te interese. Puede ser que con el contexto puedas lograr descifrar lo que dice. Ahora toma papel y lápiz y trata de traducirlo. Al terminar, toma el diccionario, úsalo en aquellas palabras que no entiendas o no estés seguro de saber y compara el resultado. Este truco para aprender más rápido puede parecer un poco laborioso pero los resultados son impresionantes. ¡Aprenderás un montón! Además, con el tiempo se convierte en un pasatiempo, igual que si fuera un crucigrama, pero más divertido.

Expanding your vocabulary
Aumenta tu vocabulario

Child Care
/ El cuidado de los niños

Care: Cuidado
Child Care Resource Centers (CCR&C):
Centro de Recursos y Referencias sobre
el Cuidado de Niños. En estos centros
le proporcionan toda la información
necesaria para el cuidado de los niños.
Child care centers: Centros de cuidado
de niños.

Principal: Director/a.
Teacher: Maestro/a.
Caregiver: Responsable del cuidado de
los niños.
Family child care: Servicios
familiares de cuidado de niños. Los
niños son llevados a la casa de una
familia que los cuida.

Day care center: Guardería infantil. Se
aceptan niños desde que nacen hasta
los 5 años. La mayoría de ellas tienen
también programas de preescolar.
Preschool/Pre-K: Preescolar: Pueden
comenzar a ir a estos lugares los
niños **over 3 years old** (mayores de
tres años), que ya no usan **diapers**
(pañales), y se los llama **potty trained**.
Existen, por lo general, dos aulas: **Pre-K
3**, para niños de tres años y **Pre-K 4**,
para los de 4 años. Los niños aprenden
letras, números, juegan y disfrutan de
actividades didácticas.

In-home caregivers:
Cuidado de niños a domicilio.
**Care provided by relatives, friends
or neighbors:** Cuidado proporcionado
por familiares, amigos o vecinos.
After school care programs: Cuidado
de los niños después del horario
escolar. Está dirigido a padres que
trabajan y lo ofrecen muchas escuelas
por un precio adicional.

Education / La educación

Public education:
Educación pública. Es gratuita y ofrece un servicio de transporte y alimentación.

Private education:
Educación privada. Tiene un costo elevado.

Charter schools:
Escuelas charter. Son escuelas públicas administradas por autoridades diferentes de los distritos escolares.

Homeschool:
Educación en el hogar. Se educa a los niños en sus propios hogares, y los maestros pueden ser los propios padres.

Elementary and High School
/ La escuela primaria y la escuela secundaria

Junior or Middle school:
Escuela intermedia (desde sexto hasta octavo grado).
Secondary or High school: Escuela secundaria (desde noveno hasta duodécimo grado).

Kindergarten: Primer grado de la educación formal. El niño debe tener 5 años cumplidos.

Elementary or Primary school: Escuela elemental /primaria (desde kinder-garten hasta quinto grado).

Senior year: Último año de la escuela secundaria.
School district: Distrito escolar.
Sign up: Inscribir.
Enroll: Inscribir.
Fee: Tasa.
Tuition: Arancel que se paga por la enseñanza en las escuelas privadas.
School year: Año escolar (desde que comienzan hasta que terminan las clases).

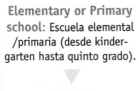

Report card: Boletín de calificaciones.
Grades: Calificaciones. A or A+: excellent (excelente), B: good (bueno), C: passing (suficiente), D: poor (pobre), F: failing (desaprobado).

Let's practice *Practiquemos*

Las respuestas (Key) están al pie de cada página.

A. Decide si las oraciones son True/Verdaderas (T) o False/Falsas (F).

1) If you **turn on** the radio, you'll miss the 8 o'clock news. (___)

2) If you **figure out** a problem, you solve it. (___)

3) If you **work out** everyday, you become healthier. (___)

4) If you **turn up** late to pick up your kid from school, you have to pay a fine. (___)

5) If the trip **turned out** to be good, you wasted your time. (___)

B. Completa con el verbo o frase verbal que sea correcta:

1) My sister _____9 to 5.

2) I _____the air conditioner because it was very cold.

3) I couldn't_____what she was saying. She speaks very quickly.

4) The sky is _____ dark. I think it's going to rain.

5) I have to_____him _____at 9:15 and pick him up at 12:15.

C. Completa los espacios en blanco con expresiones del diálogo:

Brenda: Hi, Jack! _____(1)

Jack: _____(2)

B: You look worried._____(3)

J: Yes, I lost my wallet and my driving license.

B: Well,_____(4).

J: The problem is I have to travel to San Antonio tomorrow for a job interview!

B: _____(5) Listen, my friend Annie is traveling there too! I could ask her to give you a ride!

J: That would be great!

B: You see,_____. (6)

D. Elige el auxiliar que corresponda para completar las siguientes oraciones. Fíjate si debes expresar **possibility, obligation** o **necessity.**

1) Maybe he _____talk to you later. (**possibility**)

2) She_____talk to the supervisor. (**necessity**)

3) Do you_____take your kid to school at 8:00? (**necessity**)

4) I_____ work from 9:00 to 6:00. (**obligation**)

5) Maybe I_____invite them for dinner. (**possibility**)

6) She _____accept the job. (**possibility**)

¡Escucha los audios en la web!

UNIT 4

Go for it!

¡Tienes que intentarlo!

Barbara presiona a Tom para que pida un aumento de salario. Tienen una discusión.

Barbara: Tom, sweetheart, it's time to **go for it.**

Tom: What are you talking about?

B: I think you should talk to your boss and **ask** him **for** a raise.

T: I'm not sure this is a good moment.

B: You never know until you try.

T: I know, but yesterday he **went through** the accounts and as the store **cut down** its prices because of the competition, profits have gone down.

B: So what?

T: If they're **cutting back**, they're not going to increase my salary right now!

B: You can tell him you've started **looking for** another job.

T: Looking for another job? That's not true. **I mean I could see** if I weren't **making my ends meet, but** I can perfectly **live on** my salary!

B: Are you going to spend the rest of your life at Stacey's? Well, I'm not! We talked about going on a cruise to the Greek Islands when we get married. Did you forget that?

T: I didn't mean it seriously! We were daydreaming!

B: But Tom, it's my dream vacation! You promised we would go! Many famous actors and actresses have spent their honeymoons there.

T: Barbara, sweetie, let me remind you we are not famous stars and we certainly don't earn even 10% of what they get for an hour on a movie set!

B: Oh, babe, show me how much you care for me. **It's now or never! What have you got to lose!**

T: My job! Listen, Barbara, **cut it out! Give me a break!**

B: OK, but there's one more thing you might lose: me!

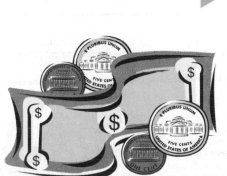

Life in the US

Los Estados Unidos no tienen fiestas oficiales dictadas por el Gobierno federal. Son los estados y las empresas quienes tienen el derecho de elegir sus días de fiesta. No obstante, se siguen en casi todos los casos las propuestas por el Gobierno:

1 de Enero
Año Nuevo

....

Tercer lunes de Enero
Día de Martin Luther King

....

Tercer lunes de Febrero
Día de los Presidentes

....

Cuarto lunes de Mayo
Memorial Day, conmemora a los muertos en guerras

....

4 de Julio
Día de la Independencia

Primer lunes Septiembre
Día del Trabajo

....

Segundo lunes Octubre
Día de Cristobal Colón

....

11 de Noviembre
Día de los Veteranos de Guerra

....

Cuarto Jueves Noviembre
Dia de Accion de Gracias ó Thanksgiving Esta es una festividad tan importante que en otro capítulo hablaremos de ella

....

25 de Diciembre
Navidad, el único feriado religioso del año

Adicionalmente a estos feriados, hay otros de carácter estatal o local que también se celebran.

Barbara: Tom, cariño, es hora de que lo **intentes.**

Tom: ¿De qué estás hablando?

B: Creo que deberías hablar con tu jefe y **pedirle** un aumento.

T: No estoy seguro de que este sea un buen momento.

B: **Si no lo intentas, nunca lo sabrás.**

T: Ya lo sé, pero ayer él **revisó** las cuentas, y como la tienda **redujo** los precios debido a la competencia, las ganancias han bajado.

B: **¿Y qué?**

T: Si están **reduciendo** gastos, ¡no van a aumentarme el salario justo ahora!

B: Puedes decirle que has empezado a **buscar** otro trabajo.

T: ¿Buscar otro trabajo? Eso no es cierto. **Quiero decir, lo entendería** si no pudiera **llegar a fin de mes, pero** mi sueldo me alcanza perfectamente para vivir.

B: ¿Vas a pasar el resto de tu vida en Stacey's? Bien, ¡yo no! Hablamos de viajar en un crucero a las islas griegas cuando nos casáramos. ¿Te has olvidado?

T: ¡No estaba hablando en serio! ¡Estábamos soñando despiertos!

B: Pero, Tom, ¡son las vacaciones que siempre soñé! ¡Tú me prometiste que iríamos! ¡Muchos actores y actrices famosos pasaron su luna de miel allí!

T: Barbara, cariño, déjame recordarte que no somos estrellas famosas y por cierto ¡no ganamos ni el 10% de lo que ellos cobran por estar una hora en un estudio de filmación!

B: Vamos, cariño, muéstrame cuánto me quieres. **¡Es ahora o nunca! ¿Qué puedes perder?**

T: ¡Mi trabajo! Escucha, Barbara, **¡termina ya! ¡Dame un respiro!**

B: Está bien, pero hay una cosa más que puedes perder: ¡a mí!

Let's speak English
Hablemos en inglés

Learning Tips

Algo muy importante a saber es cómo deletrear las palabras. Inclusive en la escuela es considerado un tema clave en la educación de los chicos.

Saber deletrear en inglés es muy necesario porque es algo que se realiza muy frecuentemente, bien sea cuando uno da su nombre, su dirección, o cuando uno tiene dificultad en hacerse entender y pide que se deletree la palabra no entendida.

Por tanto, practica mucho el cómo se dicen las letras del abecedario, ¡porque lo vas a usar mucho!. Por ejemplo, ¿sabrías deletrear tu nombre completo?. ¡Pruébalo!.

Un truco para ponerlo en práctica: llama a tu compañía de teléfonos, o a cualquier servicio que requiera dar tu nombre por teléfono y practícalo con el operador que te atienda. ¡Llama ya!

1 Las siguientes palabras se pueden usar para dirigirnos cariñosamente a la persona con la que tenemos una relación romántica y son equivalentes a «Cariño»:

Sweetheart
Babe
Sweetie
Love
Honey

Hi, **babe**, I've got a present for you!
Hola, cariño, tengo un regalo para ti.

2 Todas estas expresiones se usan para **encourage** (alentar, dar ánimo) a alguien para que haga una determinada cosa:

You never know until you try.
Nunca puedes saberlo si no lo intentas.

It's now or never.
Es ahora o nunca.

What have you got to lose?
¿Qué pierdes?

Go for it!
¡Inténtalo!

3 Fíjate esta frase con el verbo **make**:

I can't make ends meet. I'll have to look for another job!
No puedo llegar a fin de mes con mi sueldo. ¡Tendré que buscar otro trabajo! (*lit: no puedo unir ambos extremos*).

4 Para expresar **frustration** (frustración) o **anger** (enojo), puedes decir:

Cut it out!
¡Termina de una vez!

Give me a break!
¡Dame un respiro!

Verbs and multi-word verbs *Verbos y verbos compuestos*

(Consulta los Apuntes de gramática)

-Estos verbos tienen, básicamente, los siguientes significados:

Cut (cut/cut):

-Cortar.

I cut my finger with a knife.
Me **corté** el dedo con un cuchillo.

Ask (asked/asked):

-Preguntar.

I asked her about her son.
Le **pregunté** por su hijo.

Look (looked/looked):

-Mirar.

He looked at her and said hello.
La **miró** y la saludó.

Estudiemos algunos **verbos compuestos** muy comunes con **cut**, **ask** y **look**:

Ask

Ask for: Pedir, solicitar.
They **asked for** advice.
Le **pidieron** consejos.

Ask out: Invitar a salir.
At last! He **asked** her **out**.
Por fin! La **invitó a salir**.

Cut

Cut down: Reducir.
They **cut down** their staff.
Redujeron su personal.

Cut off: Cortar un servicio (gas, electricidad).
They **cut off** my phone line.
Cortaron mi línea de teléfono.

Cut back: Reducir (gastos).
They are **cutting back** their budget.
Están **reduciendo** su presupuesto.

Look

Look for: Buscar
I'm **looking for** my keys.
Estoy **buscando** mis llaves.

Look after: Cuidar.
Alyson has to **look after** her son.
Alyson tiene que **cuidar** a su hijo.

Look around: Recorrer
We **looked around** the city.
Recorrimos la ciudad

Expanding your vocabulary
Aumenta tu vocabulario

Jobs
/ Trabajos

actor: actor

actress: actriz

accountant: contador

administrative officer:
empleado administrativo

administrative staff:
personal administrativo

attorney: abogado

auditor: auditor

architect: arquitecto

bricklayer: albañil

baby sitter: niñera

baker: panadero

bank clerk:
empleado bancario

builder: constructor

butcher: carnicero

carpenter: carpintero

cashier: cajero

chef: chef

clerk/assistant:
asistente/ayudante.

construction inspector: inspector de construcciones

construction worker:
obrero de la construcción

contractor: contratista

counselor: asesor/ consultor

customs officer:
empleado de la aduana.

cook: cocinero

electrician: electricista

employee: empleado

engineer: ingeniero

driver: chofer

fireman: bombero
facilitator: instructor
farmer: agricultor/granjero
flight attendant: azafata
florist: florista
foreman: capataz

instructor: instructor
interpreter: intérprete
judge: juez
lifeguard: guardavidas

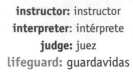

office clerk:
empleado de oficina

park ranger: guardaparques
personal assistant:
asistente personal
pharmacist: farmacéutico
photographer: fotógrafo
pilot: piloto
plumber: plomero
podologist: pedicuro
politician: político
postman: cartero
programmer: programador
police officer:
agente de policía

gardener: jardinero
greengrocer: verdulero

nanny: niñera
newspaper boy:
repartidor de diarios

hairdresser: peluquero
hairstylist: peinador
housekeeper:
empleada doméstica
house painter:
pintor de casas

manufacturer: fabricante
manicurist: manicura
**massage therapist/
masseuse:** masajista
mechanic: mecánico

receptionist: recepcionista
reporter: reportero

salesperson / salesclerk / sales associate: vendedor
skincare therapist: cosmetóloga
security guard: guardia de seguridad

teacher: maestro/a -profesor/a
tailor: sastre
taxi driver: taxista
technician: técnico
telephone operator: telefonista
tour guide: guía de turismo
translator: traductor
travel agent: agente de viajes
truck driver: camionero

waiter: camarero
veterinarian/vet: veterinario
waitress: camarera

Let's practice
Practiquemos

Las respuestas (Key) están al pie de la próxima página.

A. Indica la opción que no corresponde, según el significado del verbo:
Ej: You can **cut**   a- your nails   b- a piece of paper   c- the phone

1) You can **ask**	a- a question	b- a raise	c- the time
2) You can **look**	a- great	b- TV	c- at a flower
3) You can **cut down:**	a- your hair	b- on prices	c- on ice-cream
4) You can **ask for**	a- a loan	b- a raise	c- a question
5) You can **ask** a girl	a- her e-mail address	b- off	c- out
6) They can **cut off**	a- vacations	b- the electricity	c- medical aid
7) You can **look after**	a- your mother	b- your keys	c- a baby
8) You can **look for**	a- TV	b- your wallet	c- your brother
9) You can **look around**	a- the shops	b- the city	c- a picture
10) They can **cut back**	a- on investment	b- on expenses	c- on a friendship

B. Completa cada columna con algunas de las palabras que has aprendido en el vocabulario:

Construction	Beauty	Food / restaurants	Professions	Occupations
				bank clerk

C. ¿Qué frases usas en estos casos?

1) When your salary is not enough, you say
_____!

2) To encourage somebody, you say _____
_____!

3) When you feel frustrated, you say _____
_____!

4) When you want to show affection, you can call your partner_____

UNIT 5
Money problems
Problemas de dinero

Barbara y Tom se encuentran para ir al cine. Discuten porque él descubre que ella compró nuevamente más de lo que puede pagar.

Tom: Hi, there! You **look like a million bucks**!

Barbara: Hi! Well, thank you! Do you like my new jacket? And look at my new shoes! Aren't they amazing? And my purse is new too.

T: I like *you*.

B: You're so sweet! But look at this watch! I **couldn't help** buying it when I saw it.

T: Let's buy the tickets. The movie starts in 15 minutes. Oh, no! I'm afraid I left my wallet at home. Can you lend me the money for the tickets? I'll **give** it **back** to you tomorrow.

B: I'm sorry but I **ran out** of cash.

T: What? It's only the 5th of the month and you**'re out of** money already? Well, can you pay with your credit card?

B: I'm afraid I can't either. I charged my credit card over the limit.

T: Again! This is unbelievable. We **went through** this last month and the month before last. I told you you **can't** spend more than you earn!

B: Not now, Tom, please! **It's no big deal** anyway.

T: **No big deal?** This is crazy! You have to stop using your credit cards until you finish paying the bills. Make a budget and control your expenses so you can save some money.

B: I buy things just to look more attractive to you...

T: Thank you, but those things don't matter to me. Stop wasting your money! I'm sorry, I'm getting carried away. All I'm trying to say is that money **doesn't grow on trees**.

B: If I promise to stop buying things, will you help me to make the minimum monthly payment?

T: No, I'm sorry. Not this time. I have to pay for our weekend trip to New York.

B: Well, it seems I'll have to ask somebody else for help.

T: Barbie, please...

Life in the US

Ten mucho cuidado con las tarjetas de crédito. Procura no usarlas a no ser que sea una emergencia.

Es verdad que te permiten pagar más tarde, pero los intereses que te van a cobrar son muy caros y si luego no puedes pagarlos, aparece en tu historial de crédito (las personas que no pagan sus deudas son reportadas al Buró de crédito) y tu futuro financiero en el país se te complicará mucho. Nadie más te prestará dinero.

Solicita en tu banco una debit card o tarjeta de débito. No cuesta nada (es gratis) y te debita automáticamente de tu cuenta, sin cobrar intereses de ningún tipo. De este modo, no caerás en el peligro del crédito y cuando de verdad necesites que te presten dinero (para comprar una casa, por ejemplo) obtendrás las mejores condiciones. Una debit card te sirve además para crear tu historial de crédito.

Tom: ¡Hola! **¡Estás hermosa!**

Barbara: ¡Hola! Bueno, ¡gracias! ¿Te gusta mi nueva chaqueta? ¡Y mira mis nuevos zapatos! ¿No son espectaculares? Y mi cartera es nueva también.

T: Me gustas *tú*.

B: ¡Eres tan dulce! ¡Pero mira este reloj! **No pude evitar** comprarlo cuando lo vi.

T: Compremos las entradas. La película comienza en 15 minutos. ¡Ah, no! Me temo que me olvidé la billetera en mi departamento. ¿Puedes prestarme el dinero para las entradas? Te lo **devolveré** mañana.

B: Lo lamento, pero me **quedé sin** efectivo.

T: ¿Qué? ¿Estamos en el quinto día del mes y ya te **quedaste sin** dinero? Bueno, ¿puedes pagar con tu tarjeta de crédito?

B: Me temo que tampoco. Excedí el límite de compra.

T: ¡Otra vez! Esto es increíble. Ya **pasamos por esto** el mes pasado y el anterior. ¡Ya te dije que no puedes gastar más de lo que ganas!

B: ¡No empieces, Tom, por favor! **No es para tanto**, de todas maneras.

T: **¿No es para tanto?** ¡Esto es una locura! Tienes que dejar de usar tu tarjeta de crédito hasta que pagues las cuentas. Haz un presupuesto y controla tus gastos así puedes ahorrar un poco de dinero.

B: Compro las cosas para que tú me veas más atractiva...

T: Gracias, pero esas cosas no me importan. ¡Deja de malgastar tu dinero! Disculpa, estoy perdiendo el control. Lo que intento decirte es que **el dinero no sale de la nada.**

B: Si te prometo dejar de comprar cosas, ¿me ayudarás con el pago mensual mínimo?

T: No, lo siento. Esta vez no. Tengo que pagar nuestro viaje de fin de semana a New York.

B: Bueno, parece que tendré que pedirle ayuda a alguna otra persona.

T: Barbie, por favor ...

Let's speak English
Hablemos en inglés

¡Escucha los audios en la web!

1 Puedes usar estas expresiones **como cumplido** cuando alguien te gusta mucho o se ve muy bien:

You look like a million bucks
Luces increiblemente bien / Estás hermosa. (*lit: como un millón de* dólares)

You look great!
Te ves fantástico/a.

It looks wonderful!
Se ve fantástico.

2 Fíjate en estas **expresiones relacionadas con el dinero:**

Money doesn´t grow on trees
El dinero no sale de la nada. (lit: no crece en los árboles)

Save/keep money for a rainy day:
Ahorrar dinero para cuando lo necesites inesperadamente.

Rolling in money:
Tener mucho dinero.

Time is money
El tiempo es dinero.

Big money:
Mucho dinero.

3 Esta frase la usas cuando quieres decir que **no puedes evitar o parar de hacer algo.**

I **couldn't help** buying it!
No pude evitar comprarlo.

I **can't help** eating chocolate!
No puedo parar de comer chocolates.

4 Cuando quieres **señalar que algo no es importante,** puedes decir:

- I'm sorry, I couldn't bring you the book.
Lo siento. No pude traerte el libro.

- Don't worry, it's **no big deal.**
No te preocupes. **No es importante.**

5 Estas dos expresiones significan **ir de compras sin control:**

go on a buying binge   ## go on a shopping spree

My mother went on **a buying binge / a shopping spree** again, and my father is furious!

Mi madre se fue nuevamente de compras sin control y mi padre está furiosocontrol

¡Escucha los audios en la web!

Verbs and multi-word verbs *Verbos y verbos compuestos*

(Consulta los Apuntes de gramática)

-Estos verbos tienen, básicamente, los siguientes significados:

Be (am/is/are) (was/were/been):

-Ser.	I'm Canadian.	Soy canadiense.
	She's happy.	Ella es feliz.
	We were friends.	Éramos amigos.
-Estar.	I was at home.	Estaba en mi casa.
	They were alone.	Estaban solos.

Give (gave/given):

-Dar: Could you **give** her these CDs?
¿Podrías **darle** estos CD?

Run (ran/run):

-Correr.   I **run** 10 kilometers every day.
Corro 10 kilómetros por día.

Estudiemos algunos **verbos compuestos** muy comunes con **be, give** y **run:**

Be

Be out of: No tener más algo.
He's **out of** work.
No tiene trabajo.

Be up to: Ser responsable de decidir.
If you don't want to talk to her,
it's **up to you.**
Si no quieres hablar con ella,
es tu **decisión/problema.**

Be over: Terminar.
The show **is over.**
El show **terminó.**

Give

Give back: Devolver.
He **gave** me **back** the money.
Me **devolvió** el dinero.

Give up:
- Dejar de hacer.
He **gave up** smoking
Dejó de fumar.

-Darse por vencido.
I don't know the answer, I **give up.**
No sé la respuesta, me **doy por vencido.**

Give in: Aceptar, conceder.
He insisted so much that
finally I **gave in.**
Insistió tanto, que al final **acepté.**

Run

Run out of: Acabarse, terminarse.
We ran out of butter.
Se nos **terminó** la manteca.

Run away: Escapar
The thief ran away from jail.
El ladrón se **escapó** de la prisión.

Run into: Encontrarse con
alguien por casualidad.
I ran into Meg at the café.
Me **encontré de casualidad** con Meg en el café.

Run over: Atropellar
A bus ran over her dog.
Un autobús **atropelló** a su perro.

Aprendamos otras expresiones con **go** (Unit 1):

Go

Go through:
-Tener una experiencia difícil.
She went through hard times when her husband died.
Ella lo **pasó mal** cuando su marido murió.

-Revisar/controlar
She went through the statement.
Ella **revisó** el extracto bancario.

Go for: Pedir, intentar conseguir o lograr.
If you want a raise, go for it!
Si quieres un aumento de sueldo, ¡**pídelo**!

Learning Tips

En Estados Unidos, dada la creciente importancia de los inmigrantes latinos, muchísimos teléfonos de atención al cliente tienen ya la opción de ser atendido en español. Esto le resultará mucho más cómodo, sin duda, pero te ayudará poco a practicar y mejorar tu inglés.

Para practicar el lenguaje telefónico, nada mejor que elegir la opción de idioma inglés. Al principio te costará un poco, pero no lo tomes como un examen, disfruta y practica. Además, los operadores telefónicos suelen estar acostumbrados a atender a personas con acento.

Seguramente, en tu entorno diario hablas casi siempre en español con las personas con las que te relacionas. ¡Así que aprovecha para practicar tu inglés con las operadoras telefónicas! Y es gratis...

Expanding your vocabulary
Aumenta tu vocabulario

Money matters
/ Cuestiones de dinero

Bills: cuentas
Amount: cantidad, suma
Bucks : dólares

Borrow: pedir prestado
Be in debt: estar endeudado
Be in the black:
no tener deudas.
Be in the red:
estar en rojo (endeudado)

Earn: ganar dinero
Expenses: gastos
Get a loan:
conseguir un préstamo

Get out of debt: pagar las deudas
Go into debt: endeudarse
Income: ingreso
Interest: interés
Lend: prestar
Loan: préstamo

Cash (verb): cobrar/cambiar
por efectivo un cheque
Charge: cargar
(una suma de dinero)
Debt: deuda
Budget: presupuesto

Over-shop: Comprar compulsivamente

Pay with cash/pay cash: pagar en efectivo
Repay: pagar un préstamo
Payment: pago

Waste: malgastar
Spend: gastar

Owe: deber, tener una deuda
Pay back: pagar un préstamo
Pay with / by credit card: pagar con tarjeta de crédito

Save: ahorrar
Shopaholic: Adicto a las compras

Credit

Write down expenses: anotar los gastos.

Let's practice *Practiquemos*

Las respuestas (**Key**) *están al pie de la página.*

A. Elige la frase verbal adecuada.

go for it
go through
give back
run out of
run over
give up
give in
be up to
run away
be over

1) We_____gas very near her house.

2) I lent him $50, but he never_____them_____to me.

3) You shouldn't be worried about your exam. Just _____!

4) Sandy _____trying to learn Japanese.

5) I _____ a very difficult moment when I lost my job.

6) He asked me for a new pair of shoes so many times, that finally I _____.

7) They are planning to _____to get married.

8) A horse was _____by a train yesterday.

9) It_____to you to forgive her.

10) After the movie_____, we went to a restaurant.

B. Decide si la explicación es True (T) o False (F):

1) **Money doesn't grow on trees** *means* you have to work hard to earn it. (__).

2) **You look like a million bucks** *means* you are rich. (__).

3) **I couldn't help** buying this new dress *means* you bought it. (__).

4) No **big deal** *means* very important. (__).

5) **To go on a buying binge** *means* to buy many things without control. (__)

6) He´s **rolling in money** *means* he can't make ends meet. (__).

C. Relaciona la palabra en inglés con su significado en español. La frase número 1 te sirve de ejemplo:

1) Be in the red. (*d*)
2) Expenses. (__)
3) Waste (__)
4) Budget (__)
5) Lend (__)
6) Earn. (__)
7) Owe (__)
8) Save (__)
9) Income (__)
10) Bills. (__)
11) Spend. (__)
12) Borrow. (__)

a) ganar dinero
b) prestar
c) malgastar
d) estar endeudado
e) cuentas
f) gastos
g) gastar
h) pedir prestado
i) deber
j) ingresos
k) presupuesto
l) ahorrar

¡Escucha los audios en la web!

UNIT 6

Personal finances

Las finanzas personales

Alyson está conversando con Tom sobre un préstamo que ha pedido.

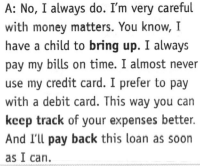

Tom: Hi, Alyson! How are you?

A: Oh, hi! You **took me by surprise!** I'm fine, thanks.

T: Are you **getting used** to your work schedule?

A: Oh, yes. I had some problems at first but **I'm** pretty **used** to it by now.

T: Look, it's **almost** 1 PM. Are you going out for lunch?

A: No, I'm not really hungry and besides, I have to go to the bank.

T: To pick up your new credit card?

A: No, I applied for a personal loan and they called me an hour ago. They said my income and my credit report are OK, so they've granted it.

T: That's very good news! Don't forget to read the fine print before signing the contract!

A: No, I always do. I'm very careful with money matters. You know, I have a child to **bring up.** I always pay my bills on time. I almost never use my credit card. I prefer to pay with a debit card. This way you can **keep track** of your expenses better. And I'll **pay back** this loan as soon as I can.

T: Well... **that makes a lot of sense.** I wish everybody thought like you!

A: I'm just being sensible, like most people, **I guess**.

T: Well, I know some people who have a different idea. You're so mature and responsible, and you're very careful with your expenses. You're a hard worker and a good mother. And yet you're so young!

A: You're very kind. **I'll take that as a compliment!**

T: It is! Listen, I hate to break this up, but **I'm supposed to** be at a lunch meeting in ten minutes.

A: Well, if you don´t want to **be late** for your meeting, **you'd better get going!** Bye!

T: **See you later!**

| DIALOGUES ·

Tom: Hola, Alyson. ¿Cómo estás?

Alyson: ¡Hola! ¡Me **tomaste por sorpresa!** Estoy bien, gracias.

T: ¿Te **estás acostumbrando** a tu horario de trabajo?

A: Ah, sí. Tuve algunos problemas al principio, pero ahora ya **estoy** bastante **acostumbrada**.

T: Mira, es **casi** la 1. ¿Sales a almorzar?

A: No, no tengo hambre realmente, y además, tengo que ir al banco.

T: ¿A retirar tu nueva tarjeta de crédito?

A: No, solicité un préstamo personal y me llamaron hace una hora. Me dijeron que mis ingresos y el informe de mi historial crediticio están bien, así que me lo han otorgado.

T: ¡Muy buenas noticias! No te olvides de leer la letra chica antes de firmar el contrato.

A: No, siempre lo hago. Soy muy cuidadosa con los asuntos de dinero. Sabes, tengo que **criar** un hijo. Siempre pago mis cuentas antes de su vencimiento. Casi nunca uso la tarjeta de crédito, prefiero pagar con tarjeta de débito. De esa manera puedes **controlar**

Life in the US

Los americanos viven pendientes del reloj, y por lo rápido que se vive en este país, desde primera hora del día todas las actividades están programadas al minuto. Es por eso que deberás tenerlo en cuenta si quieres relacionarte bien con ellos, sea socialmente o por trabajo.
No llegues tarde a tus citas porque es considerado una muy grave falta de respeto, o de profesionalidad si es por trabajo.
Tampoco aparezcas en las casas de tus amigos y conocidos americanos, o en las oficinas si es por trabajo, sin avisar. No está bien visto. Siempre procura acudir a todos los lugares habiendo avisado antes que vas para a encontrarte con ellos.
Asi que, ¡a ser puntual!

mejor tus gastos. Y **devolveré** el dinero del préstamo lo antes posible.

T: Bueno ... **eso es muy razonable.** ¡Ojalá todos pensaran como tú!

A: Solo uso el sentido común, como la mayoría de la gente, **creo.**

T: Bueno, conozco algunas personas que tienen ideas diferentes. Tú eres tan madura y responsable, y tan cuidadosa con tus gastos. Eres una

trabajadora incansable y una buena madre. ¡Y eres todavía tan joven!

A: Eres muy amable. ¡**Lo tomaré como un cumplido**!

T: ¡Es un cumplido! Oye, no me gustaría tener que interrumpir esto, pero **tengo que** estar en un almuerzo de trabajo en diez minutos.

A: Si no quieres **llegar tarde**, ¡**es mejor que te vayas ya**! ¡Hasta luego!

T: ¡**Te veo más tarde**!

Let's speak English
Hablemos en inglés

¡Escucha los audios en la web!

1 Cuando estás apurado por irte, puedes usar:

I'd better get going!
¡Mejor me voy!

I've got to go!
¡Tengo que irme!

2 Fíjate el significado de **be late:**

I´m sorry, **I´m late.**
Disculpa, **llegué tarde.**

If you don't hurry, you'**ll be late** for school!
Si no te apuras, **llegarás tarde** a la escuela.

3 Estudiemos el significado de estas dos frases (Consulta los Apuntes de gramática):

Get used to: Acostumbrarse.
Se enfatiza el proceso de acostumbramiento.

I'm getting used to working at night.
Me **estoy acostumbrando a** trabajar de noche.

I got used to speaking English all day.
Me **acostumbré** a hablar inglés todo el día.

Be used to: estar acostumbrado.
Se describe una actitud ya incorporada.

They're used to studying at night.
Ellos **están acostumbrados** a estudiar de noche.

Alyson is used to her work schedule.
Alyson **está acostumbrada** a su horario de trabajo.

6 Cuando se espera que actúes o hagas algo de una manera determinada usas la frase **be supposed to:**
(Consulta los Apuntes de gramática)

I'm supposed to arrive at 5.
Tengo que llegar a las 5.

We're supposed to finish early.
Tenemos que terminar temprano.

Where are we supposed to go?
Adónde **tenemos que** ir?

7 El verbo **guess** tiene estos significados:

-Creer, pensar:

I guess you're right.
Creo que tienes razón.

She's 34, **I guess.**
Tiene 34 años, creo.

-Adivinar:

She **guessed** where I came from.
Ella **adivinó** de donde venía yo.

4 Cuando **te despides de alguien**, puedes decir:

See you later!
Te veo más tarde

See you soon!
Te veo pronto.

See you in an hour!
Te veo dentro de una hora.

5 Cuando te sientes **halagado** por algo que te han dicho, pues decir:

-You're so responsible and mature.
Eres tan madura y responsable.

- Thank you! **I'll take that as a compliment!**
¡Gracias! ¡Lo tomaré como un cumplido!

8 Cuando **algo te resulta razonable**, puedes decir:

- I think it's important to save money when you're young.
- Yes, **that makes a lot of sense.**
- Creo que es importante ahorrar dinero cuando eres joven.
- Sí, **eso tiene sentido.**

-Estos verbos tienen, básicamente, los siguientes significados:

Keep (kept/kept):

-Quedarse con algo.	Can I **keep** these photographs? Puedo **quedarme con** estas fotos?
-Mantener, guardar.	**Keep** your door closed. **Mantén** la puerta cerrada. **Keep** your checks in a safe place. **Guarda** tus cheques en un lugar seguro.
-Permanecer de determinada manera.	**Keep** quiet! ¡**Permanezcan** callados!
-Continuar, seguir (+verb-ing).	Don't stop. **Keep** moving! No te detengas. ¡**Sigue** moviéndote!

Pay (paid/paid):

-Pagar:	She **paid** the phone bill. Ella **pagó** la factura del teléfono.
-Prestar (atención):	They were not **paying** attention. No estaban **prestando** atención.

Bring (brought/brought):

-Traer.	Next time you come, **bring** the photos. La próxima vez que vengas, **trae** las fotos.

Learning Tips

Mira un video de ejercicios físicos o de fitness y escucha lo que dicen en él. Practica los ejercicios a medida que escuchas atentamente y memoriza lo que van diciendo. De este modo aprenderás no sólo las partes del cuerpo sino también cómo se dicen los ejercicios y los movimientos. ¡Y hasta te pondrás en forma!
Puedes aprender también mucho vocabulario de deportes escuchando las transmisiones deportivas. Acuérdate de ir anotando en una libreta todas las palabras que vas aprendiendo, para repasarlas luego en cualquier lugar.

Estudiemos algunos **verbos compuestos** muy comunes con **pay, keep** y **bring:**

Pay

Pay back:
-Devolver el dinero que nos han prestado.
You can **pay** me **back** when you want.
Puedes **devolverme** el dinero cuando quieras.

Pay for:
-Tener que pagar las consecuencias.
He had to **pay for** all his mistakes.
Tuvo que **pagar por** todos sus errores.

Pay off:
-Resultar beneficioso:
If you work hard it'll **pay off.**
Si trabajas mucho, **verás los beneficios.**

Bring

Bring up: Criar
She has to **bring up** two children.
Tiene que **criar** a dos hijos.

Keep

Keep track of:
-Hacer un seguimiento, controlar.
You have to **keep track of** your credit card statements.
Tienes que **controlar** los extractos de tu tarjeta de crédito.

Keep up with:
-Mantenerse la velocidad o el ritmo:
It's hard to **keep up with** Tom when we go jogging.
Es difícil **seguir el ritmo de** Tom cuando salimos a correr.

-Mantenerse al día, entender.
She **keeps up with** English watching TV.
Ella se **mantiene al día** con el inglés mirando televisión.

I can't **keep up with** Esteban when he speaks Spanish.
No puedo **entender** a Esteban cuando habla español.

Expanding your vocabulary
Aumenta tu vocabulario

Financial matters
/ *Cuestiones financieras*

Application: Solicitud.

Apply for: Solicitar.

ATM = Automatic Teller Machine:
Cajero automático.

Balance: Saldo.

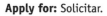

Bank account: Cuenta bancaria.

Cancel: Cancelar (tarjetas
en caso de robo).

Check/Debit card: Tarjeta de débito.

Check-cashing services: Servicios
de cambio de cheques por efectivo.

Checking account: Cuenta corriente.

Cost: Costos.

Credit bureau: Agencia que
recopila información crediticia
y redacta los informes.

Credit history: Historial crediticio.

Credit report:
Informe del historial crediticio.

Credit score/rating: Puntaje
para obtener crédito.

Deposit: Depósito, depositar.

Fees: Honorarios del banco.

FICO Score: Puntaje que
califica el historial crediticio.

Fine print:
Letra chica de los contratos.

Get an account: Obtener una cuenta.

Holder: Titular de la cuenta.

Interest rate: Tasa de interés.

Joint account: Cuenta conjunta (con otra persona).

Lender: Prestamista.

Loan application: Forma de solicitud de un préstamo.

Minimum amount: Monto mínimo (a pagar, de una tarjeta de crédito).

Open an acount: Abrir una cuenta.

Personal check: Cheque personal.

PIN – Personal Identification Number: Número de identificación personal, para operar con los cajeros automáticos.

Pre-approved: Pre-aprobado.

Requirements: Requisitos.

Savings account: Caja de ahorros.

Statement: Extracto bancario.

Take money out = Withdraw: Retirar dinero de la cuenta.

Withdrawal form: Forma para retirar dinero del banco.

Write a check: Completar un cheque.

Let's practice
Practiquemos

Las respuestas **(Key)** están
al pie de la página.

A. Elige la frase verbal o el verbo que tenga el mismo
significado que la expresión en **negrita**:

1) I don't need the books, you can **have** them.
   a-pay
   b-guess
   c-keep

2) She's his girlfriend, I **think.**
   a-guess
   b-see
   c-take

3) I have to start training hard if I want to **run as quickly** as you.
   a-keep track of
   b-keep up with
   c-keep up

4) She is working hard to **repay** the loan money to the bank.
   a-pay off
   b-pay for
   c-pay back

5) If you drink too much when you're young, you'll **suffer the consequences** later.
   a-pay back
   b-pay for it
   c-pay off

6) Monica always **checks** her credit card charges.
   a-keeps track of
   b-keep up with
   c-pays back

B. Une las mitades para que tengan sentido, y márcalas como en **1**:

1) (_b_) I'm supposed
2) (___) I'd better be going!
3) (___) I'm used
4) (___) I guess
5) (___) You're not supposed
6) (___) I'm sorry
7) (___) See you
8) (___) You are very sensible.

a) tomorrow!
b) to call her tonight.
c) they're right.
e) I'll take that as a compliment!
f) I'm late!
g) I have a meeting in 10 minutes.
h) to answer.
i) to playing tennis every Saturday.

C. Tacha la palabra que no sea similar, como en la primera oración.

1) a-checking account   ~~b-cost~~   c-savings account
2) a-take out   b-withdraw   c-cancel
3) a-fee   b-credit card   c-debit card.
4) a-get an account   b-get a loan   b-open an account
5) a-statement   b-balance   c-fine print
6) a-personal check   b-lender   c-holder

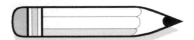

Key: A. 1-c 2-a 3-b 4-c 5-b 6-a
B. 2-g 3-i 4-c 5-h 6-f 7-a 8-e
C. 2-c 3-a 4-b 5-c 6-a

ipc.inglesen100dias.com   · **LET'S PRACTICE** |

¡Escucha los audios en la web!

UNIT 7
Getting ready for college

Preparándose para la universidad

Alyson, Esteban y Tom están en su hora de almuerzo. Esteban le cuenta a sus amigos los proyectos de su hijo mayor.

Esteban: I'm beat! I spent my lunchtime surfing the web.

Alyson: Like a teenager!

E: Oh, no! **The thing is** ....

A: **We're all ears.**

E: ... my son wants to study engineering.

Tom: Your son Eric?

E: No, Eric is finishing high school next year, he's 16. I'm talking about Victor, my eldest son.

A: So Victor **might** be 18, right?

E: Yes, that's right.

T: Are you looking for a college?

E: Well, first I'm looking for information about financial aid.

T: Have you **put aside** some money for tuition?

E: Yes, I've saved some money but it's not enough.

T: Maybe he can **apply for** an academic scholarship. There's also a work-study program or maybe you can **take out** a loan.

E: Yes, I think he **may** be eligible for a scholarship. He attended Lincoln High School and got excellent grades.

A: You **must be** proud of your son.

E: Of course I am.

T: Listen, was he a good athlete at school?

E: He is very good at playing soccer.

T: So he **might get** an athletic scholarship.

E: That **would be** great for him! **Not only** attend college but **also** play on the soccer team!

T: Check the deadlines. They're usually early in the year.

E: I'll find out as soon as possible. Thank you, Tom! You've come up with a great idea.

T: No problem. I'm happy to help you out.

Esteban: ¡Estoy cansadísimo! Me pasé la hora del almuerzo navegando por Internet.

Alyson: ¡Como un adolescente!

E: No, **el tema es que** ...

A: **Somos todo oídos.**

E: ... mi hijo quiere estudiar ingeniería.

Tom: ¿Tu hijo Eric?

E: No, Eric está terminando la escuela secundaria el año que viene, tiene 16 años. Estoy hablando de Víctor, mi hijo mayor.

A: Víctor **debe de** tener 18 años, ¿verdad?

E: Sí, así es.

T: ¿Estás buscando una universidad?

E: Bueno, primero estoy buscando información sobre ayuda financiera.

T: ¿**Ahorraste** algo de dinero para pagar sus estudios?

E: Sí, ahorré algo pero no es suficiente.

T: Quizás puede **solicitar** una beca académica. Está también el programa trabajo-estudio o a lo mejor puedes **pedir** un préstamo.

E: Sí, creo que **puede** llegar a cumplir con los requisitos para una beca. Fue al Colegio Secundario Lincoln y tuvo excelentes calificaciones.

A: **Debes de** estar orgulloso de tu hijo.

E: Por supuesto.

T: Oye, ¿fue un buen deportista en la escuela?

E: Es muy bueno jugando al fútbol.

T: Entonces **puede llegar** a obtener una beca para deportistas.

E: Eso **sería** fantástico para él. ¡**No solo** ir a la universidad pero **también** jugar en el equipo de fútbol!

T: Averigua cuando es el cierre de la inscripción. Por lo general, es a principios del año.

E: Lo averiguaré lo antes posible. ¡Gracias, Tom! Se te ha ocurrido una gran idea.

T: No hay de qué. Estoy contento de poder ayudarte.

Life in the US

Estados Unidos es un país donde la gente no tiene hábito de hacer mucho deporte. Pero sin embargo sí hay un gran interés por seguir espectáculos deportivos. Los tres deportes con más seguidores en el país son: baseball, fútbol americano y basketball.

La temporada de baseball coincide con el buen tiempo. Dura 162 partidos que arrancan a principios de Abril y terminan con las World Series o Series Mundiales a mediados o finales de Octubre, al mejor de siete juegos. El fútbol americano, o simplemente Football, es un deporte de invierno, que empieza en otoño y termina a finales de Enero con el SuperBowl, el evento más seguido por TV en Estados Unidos.

El basketball es el deporte más practicado en las calles y colegios de Estados Unidos y su versión profesional, la NBA, despierta pasiones en todo el mundo. Es un deporte de invierno que concluye con los play-offs, que se disputan en Abril y Mayo y duran alrededor de 40 días. La final, entre el ganador de la Conferencia Oeste y el ganador de la Conferencia Este, se juega al mejor de siete partidos.

Let's speak English
Hablemos en inglés

¡Escucha los audios en la web!

1 Cuando introduces **un tema para considerar**, puedes decir:

The thing is, **I'm looking for another job.**

La cosa es/La cuestión **es que estoy buscando** otro trabajo.

2 Cuando estás **ansioso por escuchar** lo que alguien está por contarte, puedes decir:

I'm all ears.

- Do you want to know what happened?
- I'm all ears.

- ¿Quieres saber qué sucedió?
- Soy todo oídos.

3 Para expresar **assumptions** (suposiciones) puedes usar los siguientes auxiliares, acompañados por lo general, por el verbo **to be** (consulta los Apuntes de gramática):

must
have (got) to
may
might
could

+ be

Affirmative sentences:

You **must be** proud of your son.
You**'ve got to be** proud of your son.
Debes de estar orgulloso de tu hijo

That **may be** my father. / Debe de ser mi padre.
You **might be** right. / Debes de tener razón
He **could be** the doctor. / Debe de ser el doctor.

Negative Sentences:

That **can´t/couldn´t be** true.
Eso no **debe de** ser verdad.

He **must not be** her husband.
Él no **debe de** ser su marido.

They **may not be** ready.
Ellos no **deben de** estar listos

Interrogative Sentences:

Can he **be** a doctor? / ¿Será doctor?
Could he **be** right? / ¿Tendrá razón?

¡Escucha los audios en la web!

Verbs and multi-word verbs *Verbos y verbos compuestos*

(Consulta los Apuntes de gramática)

-Estos verbos tienen, básicamente, los siguientes significados:

Take (took/taken):

-Llevar, mover

You can **take** my car if you want.
Puedes **llevarte** mi auto si quieres.
Don't **take** money to the beach.
No **lleves** dinero a la playa.

-Tomar (un medio de transporte).

He **took** the bus at 8.
Tomó el autobús a las 8.

-Tomar (algo con las manos).

They **took** the bag and left.
Tomaron el bolso y partieron.

-Necesitar (un tiempo).

It **takes** five minutes to get to the supermarket.
Lleva cinco minutos llegar al supermercado.

Put (put/put):

- Poner.   Don't **put** your feet on the table!
            ¡No **pongas** tus pies sobre la mesa!
            Where did I **put** my glasses?
            ¿Adónde **puse** mis anteojos?
            He **put** her in a difficult situation.
            La **puso** en una situación difícil.
            You can **put** one chair next to the other.
            Puedes **poner** una silla al lado de la otra.

Apply (applied/applied):

- Presentarse (para un trabajo):
            He **applied** to join the army.
            Se **presentó** para entrar en el ejército.

- Solicitar formalmente (un trabajo, un préstamo, una beca).
            He **applied for** a job/a loan/ a grant.
            Solicitó un trabajo/un préstamo/ una beca.

- Ser aplicable o válida (una ley, disposición, parte de un documento, etc.):
            This part of the form doesn't **apply** to foreigners.
            Esta sección de la forma **no es válida** para los extranjeros.

- Aplicar (sobre una superficie):
            Apply the lotion all over your body.
            Aplica la loción sobre todo tu cuerpo.

Learning Tips

Una manera muy práctica para aprender a pronunciar bien es grabar en una cinta de cassette una entrevista en la radio que se escuche bien. Elige por ejemplo un minuto de conversación y trata de escribir lo que dicen en la entrevista.
Ahora grábate a ti mismo leyendo lo que has escrito y compara tu pronunciación con la de la entrevista original. Marca en rojo ahí donde veas que has de mejorar y vuelve a intentarlo, hasta que consigas grabarte con una pronunciación parecida a la original que grabaste de la radio.

Estudiemos algunos **verbos compuestos** muy comunes con **put** y **take**:

Put

Put aside:
Ahorrar para un propósito específico.
Alyson is putting aside some money to buy a house.
Alyson está **ahorrando** dinero para comprar una casa.

Put away:
Guardar en el lugar que corresponde.
Please, put away your clothes.
Por favor, **guarda** tu ropa.

Put on: Ponerse (la ropa)
I think I'll put on the blue jacket.
Creo que me **pondré** la chaqueta azul.

Put out:
Apagar, extinguir algo encendido.
The firemen put out the fire very quickly.
Los bomberos **extinguieron** el fuego rápidamente.

Put up with: Tolerar, soportar.
They can't put up with this situation any longer.
Ellos no pueden **soportar** esta situación por más tiempo

Take

Take out:
-Obtener (un préstamo, una póliza, etc.)
Alyson took out a loan from the bank.
Alyson **obtuvo** un préstamo del banco.

-Quitar, sacar:
The dentist took out the bad tooth.
El dentista le **sacó** el diente roto.

He took a wallet out of his pocket.
Sacó una billetera de su bolsillo.

-Sacar dinero de un banco:
I'll take $200 out to pay for the hotel.
Sacaré $200 del banco para pagar el hotel.

Take off:
-Despegar (un avión).
The plane took off one hour later.
El avión **salió** una hora más tarde.

-Quitarse (la ropa).
She took off her raincoat and put it on a chair.
Se **quitó** el impermeable y lo **puso** sobre la silla.

Take after:
Parecerse a un miembro de la familia.
Tom takes after his mother.
Tom se **parece** a su madre.

Expanding your vocabulary
Aumenta tu vocabulario

Higher education
/ La educación superior

Admission: Admisión.

Adult education:
Educación para adultos.

Adult Secondary Education (ASE):
Es un sistema alternativo a la escuela secundaria, para quienes no han podido terminarla.

Athletic scholarship:
Beca para deportistas.
Career: Carrera, profesión.
College: Universidad.
Community college:
Institución comunitaria.
Counselor: Consejero, guía.
Deadline: Fecha límite.

Grant: Beca.
Loan: Préstamo.
President: Rector.
Private college:
Universidad privada.
Public college:
Universidad pública.

Scholarship: Beca.
Self-assessment test:
Examen de orientación
vocacional.
Student aid: Ayuda
financiera.
Student: Estudiante.

**ESL: English as a Second
Language:** Inglés como
segunda lengua.
Financial aid: Ayuda
financiera.
**General Education
Development (GED):**
Certificado que otorga el
sistema escolar. Es una
alternativa al diploma
secundario.
Grade: Calificación.

Teacher: Profesor/a.
Teacher Aid:
Asistente del profesor.
Submit: Presentar
una solicitud.

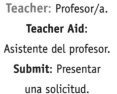

**Technical
college:**
Universidades
técnicas.

Trade schools:
Escuelas que
enseñan oficios.
Tuition:
Pago por la enseñanza.

University:
Universidad.

Work-study program:
Programa de algunas
universidades que dan
trabajo para que el
estudiante paque sus
estudios.

Let's practice
Practiquemos

Las respuestas **(Key)** están
al pie de la próxima página.

A. Completa los espacios en blanco con un verbo o una frase verbal de la lista y colócala en el tiempo que corresponda:

put up with
take out
put out
apply for
put on
take off
take after
take

1) He_____a loan to buy a car.

2) She_____her coat and left without saying goodbye.

3) Sharon _____an athletic scholarship.

4) It _____three hours to get to the beach.

5) Please, _____your cigarette. You can't smoke here.

6) He_____his grandmother. The same blue eyes and dark hair.

7) They stayed at the airport until the plane _____.

8) I can't _____this noise any longer.

B. Expresa **assumptions** (suposiciones) en las siguientes oraciones, como en el ejemplo. Usa diferentes auxiliares cada vez.

Ej: Whose is that red Mercedes?

_____*It might be her sister's.*_____
(be/sister's)

1) Look at Sheryl over there! Who's the man she's talking to?

_____
(be/husband)

2) What´s that strange noise on the roof?

_____
(be/cat)

3) What´s this black thing in my soup?

_____
(be/a cockroach)

4) Who´s knocking on the door?

_____
(be/neighbor)

5) She's not at her desk.

_____
(be having lunch)

6) He looks sad.

_____
(miss/his girlfriend)

C. Escribe otra palabra que tenga el mismo significado:

1) University _____

2) Scholarship _____

3) Financial aid _____

D. Marca el significado que corresponda:

1) Universidades técnicas.

a-technical college   b-trade schools

2) Pago por la enseñanza

a-admission   b-tuition

3) Presentar

a-submit   b-apply

¡Escucha los audios en la web!

Barbara, Tom, Alyson y Esteban charlan sobre la compra de un auto nuevo.

UNIT 8

A new car

Un automóvil nuevo

Barbara: Tom! Guess what I bought for you! **Take a look.**

Tom: A new car? Hey, a magazine about cars! Just what I was looking for! Thank you!

Alyson: **Are you going to** get a new car?

T: Yeah, I'm **thinking about** buying a **better** car. My car is too old already. I can't pay more than $18,000, but I think I can get a good car with standard equipment for that money.

Esteban: **Are you going to** buy a used car or a new one? You can find out about makes, prices and conditions in the newspapers or on the Internet too. I bought a very good used car last year.

B: Yeah, but I think there's nothing **better than** the way a new car smells... the leather seats... the colors... (*scanning magazine*).

T: Used cars are **cheaper** and you can get a good one, but **on the other hand**, they generally don't have a warranty, and if they break down, you have to pay a lot of money for

repairs. So, **in the long run**, you may **end up** paying much more!

E: Anyway, **shop around** to get the best quote. You can always make an offer and negotiate to get discounts.

B: Tom, sweetie, look at this convertible! Isn't it terrific?

T: Wow, yeah...incredible! But a bit too expensive for my budget, I guess.

B: But you **don't have to** pay for the total amount. You can take out a loan at the same car agency, or at a credit union...

T: ...that you have to pay back every month. And besides, you almost always have to make a 20% down payment when you get a new car. And then you have to pay for insurance, registration...

B: I've got an idea! You can lease it instead of buying it!

A: That's an alternative, but don't forget that while leases are usually lower than loans, you never actually own the car.

B: But you can use it anyway, right?

E: Yeah, but you have to consider **the pros and cons**. A lease might be cheaper but you have to pay charges if you drive more miles than what was agreed in the contract. And it can many times **add up to** a lot of money!

T: I'm going to **think over** what's best for me. Thanks a lot for your help!

Life in the US

La licencia de conducir es el documento que más vas a necesitar a diario. En los Estados Unidos la licencia de conducir no se limita a darte el permiso de conducir, sino que cada vez que debas presentar un documento de identidad CON FOTO, éste será el mas apropiado. Si no sabes manejar, acude igualmente a un centro donde den licencias de conducir para que te emitan un documento de identificación con foto que se expide a las personas que no saben o no pueden manejar. Aunque, tal como dijimos anteriormente, el Social Security es el documento más importante, aunque curiosamente ¡no lleve foto alguna!

Barbara: ¡Tom! Adivina lo que compré para ti. **Mira**.

Tom: ¿Un auto nuevo? ¡Una revista sobre autos! ¡Justo lo que estaba buscando!¡Gracias!

Alyson: ¿**Vas a** comprarte un auto nuevo?

T: Sí, estoy **pensando en** comprar un auto **mejor**. Mi auto ya es demasiado viejo. No puedo pagar más de $18,000, pero pienso que por ese dinero puedo conseguir un buen auto con el equipamiento básico.

Esteban: ¿Vas a comprarte un auto nuevo o usado? Puedes averiguar precios y condiciones en los diarios o en Internet también. Yo me compré un auto usado muy bueno el año pasado.

B: Sí, pero creo que no hay nada **mejor que** el olor de un auto nuevo... los asientos de cuero...los colores...(*hojeando la revista*).

T: Los autos usados son **más baratos** y puedes conseguir uno bueno, pero **por otro** lado, generalmente no tienen garantía, y si se rompen, tienes que pagar mucho dinero por las reparaciones. **A largo plazo**, ¡**terminas** pagando mucho más!

E: De todas maneras, **averigua precios en** varios lugares para conseguir la mejor cotización. Siempre puedes hacer una oferta y negociar para conseguir descuentos.

B: Tom, cariño, ¡mira este convertible! ¿No es espectacular?

T: ¡Guau, sí! ...¡Increíble! Pero es demasiado caro para mi presupuesto, me imagino.

B: Pero **no tienes que** pagar por el monto total. Puedes pedir un préstamo en la misma agencia o en una cooperativa de crédito...

T: ...por el que tienes que pagar una cuota todos los meses. Y además, casi siempre tienes que pagar el 20% por adelantado cuando compras un auto nuevo. Y después tienes que pagar por el seguro, la inscripción...

B: ¡Tengo una idea! ¡Puedes arrendarlo en vez de comprarlo!

A: Esa es una alternativa, pero no te olvides de que, si bien los arrendamientos son más baratos que los préstamos, nunca eres en realidad dueño del auto.

B: Pero puedes usarlo igual, ¿verdad?

E: Sí, pero debes considerar **el pro y el contra**. Un arrendamiento puede ser más barato, pero debes pagar recargos si excedes las millas que se acordaron en el contrato. ¡Y muchas veces **se acumula** mucho dinero!

T: Voy a **pensar detenidamente** qué es lo mejor para mí. ¡Gracias por la ayuda!

Let's speak English
Hablemos en inglés

¡Escucha los audios en la web!

1 Estudiemos algunas **expresiones** con el verbo **take:**

Take a look: Mirar.

Do you want to **take a look** at the new store?
¿Quieres **mirar** la nueva tienda?

Take the bull by the horns:
Tomar el toro por las astas.

I'll **take the bull by the horns** and tell her I love her.
Tomaré el toro por las astas y le diré que la amo.

Take for granted:
Dar por sentado.

I **took** it **for granted** he was going to invite me.
Di por sentado que me iba a invitar.

2 Cuando quieres decir que algo **no es necesario,** usas el auxiliar **have to** en negativo
(Consulta los Apuntes de gramática):

You **don't have to** call her, I did it already.
No tienes que llamarla, yo ya lo hice.

They **don't have to come,** It's not necessary.
No tienen que venir, no es necesario.

3 Cuando quieres expresar **intention** (intención), puedes usar el auxiliar **going to**
(Consulta los Apuntes de gramática):

I'm **going to call** her tonight.
Voy a llamarla esta noche.

They**'re** not **going to travel.**
No **van** a viajar.

4 Aprendamos esta expresión, para cuando **debas evaluar las ventajas y desventajas** de algo:

You should think about **the pros and cons** of buying a new car.
Deberías pensar en **el pro y el contra** de comprar un auto nuevo.

---

5 Fíjate en estas oraciones donde hay **comparaciones**
(Consulta los Apuntes de gramática):

good: bueno	I'd like to have a **better** car.
better: mejor	Me gustaría tener un auto **mejor.**
best: el mejor	Used cars are **cheaper.**
cheap: barato	Los autos usados son **más baratos.**
cheaper: más barato	Leasing is **cheaper than** buying.
cheapest: el más barato	Arrendar es **más barato que** comprar.
	There's nothing **worse than** a very old car.
bad: malo	No hay nada **peor que** un auto muy viejo.
worse: peor	You are my **best** friend.
	Tú eres mi **mejor** amiga.
worst: el peor	This is **the worst** movie I've ever seen.
	Esta es **la peor** película que he visto en mi vida.

6 Cuando tengas que **mencionar alternativas**, puedes usar estas frases:

On the one hand: Por un lado.

On the other hand: Por el otro.

On the one hand, used cars are cheaper but **on the other hand**, they break down more.

Por un lado, los automóviles usados son más baratos, pero por el otro, se rompen más.

7 Fíjate en estas expresiones:

In the long run: A largo plazo. Maybe it's not very expensive in the beginning, but **in the long run**, you pay more.

Quizás no sea muy caro al comienzo, pero a largo plazo, pagas más.

In the short run: A corto plazo If you work hard, you'll see the results **in the short run.**

Si trabajas mucho, verás los resultados a corto plazo.

¡Escucha los audios en la web!

Verbs and multi-word verbs *Verbos y verbos compuestos*

(Consulta los Apuntes de gramática)

-Estos verbos tienen, básicamente, los siguientes significados:

Think (thought/thought):

-Pensar:

I **think** she's right.
Pienso que ella tiene razón.

I'm **thinking about** my vacations.
Estoy **pensando en** mis vacaciones.

She still **thinks of** him.
Ella todavía **piensa en** él.

Shop (shopped/shopped):

-Ir de compras:

I always **shop** in the neighborhood.
Siempre **voy de compras** en el vecindario.

End (ended/ended):

-Terminar:

The party **ended** at 2.
La fiesta **terminó** a las 2.

Add (added/added):

-Agregar:
She **added** mayonnaise to the salad.
Ella le **agregó** mayonesa a la ensalada.
He didn't **add** anything to what we already knew.
No **agregó** nada a lo que ya sabíamos.

-Sumar:
Add 2589 and 4673, please.
Suma 2589 más 4673, por favor.

Think

Think over: Pensar cuidadosamente antes de tomar una decisión

I'll **think** it **over** before making a decision.
Lo **pensaré muy bien** antes de tomar una decisión.

End

End up: Terminar en un lugar o situación que no estaba prevista

I always **end up** buying something I don't need.
Siempre **termino** comprando algo que no necesito.

After walking for two hours, we **ended up** at Pam's house.
Después de caminar durante dos horas, **terminamos** en la casa de Pam.

Shop

Shop around: Recorrer lugares averiguando precios antes de comprar algo

Why don't you **shop around** before buying the digital camera?
¿Por qué no **averiguas precios** antes de comprar la cámara digital?

Estudiemos algunos **verbos compuestos** muy comunes con **shop, end, think** y **add:**

Add

Add up:
-Cerrar, ser razonable
Her answers don't **add up.**
Sus respuestas no cierran/no son razonables.

-Sumar, aumentar el precio.
Some accessories are not very expensive, but it all **adds up**.
Algunos accesorios no son muy caros, pero todo **suma**.

Learning Tips

Hay dos maneras muy prácticas de aprender el inglés que se usa con los carros. Uno es leer los avisos clasificados de los periódicos o revistas gratuitas de compraventa de carros. Aquí aprenderás muchas palabras que tienen que ver con lo esencial de los autos.

Pero si quieres tener un vocabulario más avanzado, consíguete una revista de carros o los folletos publicitarios que dan en los dealers o tiendas de autos nuevos y marca todas las palabras que quieres aprender. Toma tu libreta y anótalas, buscando en el diccionario su significado. Luego repasa esa lista de palabras y, en poco tiempo, habrás aprendido todo lo que desees saber.

Expanding your vocabulary
Aumenta tu vocabulario

The car
/ El automóvil

Windscreen: Parabrisas.

Boot: Capó.

Trunk: Maletero.

Radiator: Radiador.

License plate: Placa, matrícula.

Door: Puerta.

Fender: Paragolpes.

Headlight: Luces.

Wheel: Rueda.

Mirror: Espejo.

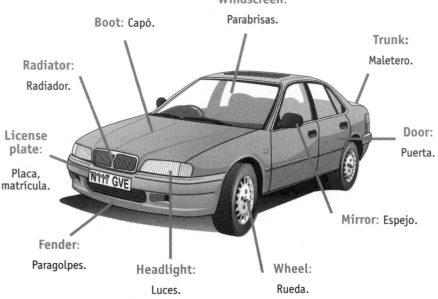

Accelerator: Acelerador.

Air bag: Bolsa de aire.

Automatic transmission: Dirección automática.

Battery: Batería.

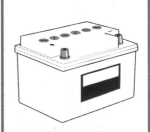

Tire: Goma.
Brake: Freno.
Clutch: Embrague.
Engine: Motor.
Gear box: Caja de cambios.

Make: Marca de un automóvil.
Model: Modelo.
Parking brake: Freno de mano.
Parts: Repuestos.
Steering wheel: Volante.

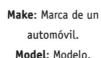

Buying a car / Comprar un auto

Black/blue book: Libro que contiene precios de autos usados.
Car dealer/dealer: Concesionaria de automóviles.
Department of Motor Vehicles: Oficina gubernamental que administra todo lo relacionado a los automóviles.
Driver: Conductor.
Extended warranty: Garantía adicional, extendida.
Fine: Multa.

Mechanic: Mecánico.
Garage: Taller mecánico.
Lease: Arrendar/ Arrendamiento.
Miles: Millas.
Parking lot: Parqueo.
Preowned car: Auto usado.
Registration: Inscripción, matrícula.
Rent: Alquilar/alquiler.

Tag (License Tag): Etiqueta que sirve como comprobante del pago de impuestos al Departamento de Tránsito.
Ticket: Multa, infracción.
Towing: Servicio de grúa.
Traffic light: Semáforo.
Upgrades: Mejoras, equipo adicional.
Used car: Auto usado.
Vehicle history: Historial de un auto
VIN (Vehicle Identification Number): Número de identificación del automóvil.
Warranty: Garantía.

Driving / Conducir

Collision: Colisión, choque.
Crash: colisionar, chocar.
Blood alcohol level: Nivel de alcohol en la sangre.
Blood alcohol limit: Límite de alcohol en la sangre.

Driving under the influence (DUI): Conducir bajo la influencia del alcohol o las drogas.
Driving while intoxicated (DWI): Conducir intoxicado por drogas o alcohol.

Drunk driving: Conducir ebrio.
Hit and run: Accidente en el que el culpable huye.
Impaired driver: Persona no apta para conducir por estar afectada por el alcohol o las drogas.
Pedestrian: Peatón.
Injury: Lesiones.
Pull over: Detener un vehículo a un lado de la carretera.
Speed limit: Límite de velocidad.

Let's practice *Practiquemos*

*Las respuestas **(Key)** están al pie de la página.*

A. Elige la frase adecuada para cada oración. Una de las frases no puede usarse en ninguna oración:

on the other hand
take it easy
the pros and cons
take a look
take the bull by the horns
in the long run
on the one hand
take it for granted

1) Don´t _____that you'll pass the test.

2) Why don't you _____at my new car? It's on the driveway.

3) _____(a) it's a good idea, but_____
_____(b) I think it's not very practical.

4) I´ll _____and look for another job.

5) You always have to think about _____ before making a decision.

6) Maybe you can't see the results now, but_____ _____you'll see the benefits.

B. Agrega los auxiliares que correspondan según se trate de **intention (am/is/are going to)** o **no necessity (don´t/doesn´t have to)**.

1) I_____go out tonight. I'm tired.

2) She_____travel to San Francisco next weekend.

3)You_____bring anything to the party. Everything's organized.

4) They_____change their minds.

5) He_____ call them. They'll send her an e-mail.

6) I _____pay for insurance. My company takes care of that.

D. Completa los espacios en blanco con la palabra adecuada:

1) When you want to buy a car, you can go to _____.

2) A preowned car is the same as a_____.

3) When you park your car on an uphill street, you have to put on the _____.

4) If you have a big family, it's important that you car has a large _____.

5) An alternative to buying a car is _____it.

6) If you go through a red traffic light, you'll get a _____.

C. Elige la frase verbal que tenga el mismo significado que la expresión en **negrita:**

1) Before buying a car, you should **compare prices.**
a-end up   b-shop around   c-add up

2) There´s something here that **is not reasonable.** I can't understand.
a- doesn't add up
b- doesn't end up
c- think about.

3) If you don't go to the doctor right now, you'll _____in bed.
a-add up to   b-end up   c-end

4) I´m going to_____and give you an answer next Monday.
a-end up   b-think of   c-think it over

¡Escucha los audios en la web!

UNIT 9
Finding out about insurance
Buscando información sobre seguros

Alyson, Esteban, Barbara y Tom están hablando sobre las diferentes clases de seguros.

Tom: Alyson, you're very interested in your reading!

Esteban: What are those brochures?

Alyson: Oh, I'm **going through** the different health insurance plans.

T: The store doesn't give you coverage?

A: The benefit is not for employees who get low salaries.

Barbara: Health Insurance? Why bother! It doesn't **make any difference**.

T: Don't **play down** the importance of insurance, you never know when things can happen.

A: I have to **provide for** my son's medical care.

E: Have you **made up your mind**?

A: Not really. I'm **mixing** all of them **up**. Can you help me?

E: When choosing a health insurance plan, you should take into account the monthly fee you have to pay and the services covered, like doctor visits and prescription drugs. Another point to consider is how many doctors accept the plan, and which are the hospitals included in the program. And also, check how much is the co-payment required for each doctor visit and how much you have to pay yourself.

A: That **seems** to be good advice. **I'll keep it in mind.**

B: I really can't see **what's the use of it** .

T: Barbie, **you'd better** be careful and buy a renter's insurance policy.

B: **What for?** The landlord has homeowner's insurance.

T: Because it doesn't cover your possessions in case of a theft.

B: If so, I'd go shopping to replace them! It would be more fun!

E: Tom, what about your car insurance?

T: I'll get liability insurance.

E: If you take out a loan you may have to provide collision and comprehensive coverage as well.

T: Does the law require that coverage?

E: No, your lender does.

T: Smart guy!

Life in the US

La tarjeta del seguro social (Social Security) es tal vez el más importante documento que deben obtener los habitantes de este país.

La tarjeta en sí no es un documento de identidad con foto, sino un sencillo trozo de cartulina azul con un número impreso: tu número de Seguro Social.

Este número es el que te identificará para todo y con el cual podrás obtener otros documentos oficiales y beneficios sociales. No des tu número de Seguridad Social a nadie, más que cuando te lo exijan en oficinas públicas y bancarias, o en trámites oficiales.

Perderlo o que otra persona lo use sin tu consentimiento te puede traer consecuencias muy molestas. Es lo que se llama el «robo de identidad». Cualquier acto delictivo que se haga con tu número de seguridad social afectará para siempre a tu historial particular. Si crees que lo has perdido o que alguien lo ha usado sin tu permiso, acude inmediatamente a la policía a denunciar este hecho.

Si no lo tienes aún, averigua qué pasos debes seguir para estar en situación de solicitar tu tarjeta de Seguridad Social. La consulta a un abogado es necesaria para recibir la información adecuada.

Tom: Alyson, ¡estás muy concentrada en tu lectura!

Esteban: ¿Qué son esos folletos?

Alyson: Ah, estoy **analizando** los diferentes planes de seguros de salud.

T: ¿La empresa no te da cobertura?

A: El beneficio no es para empleados que tengan salarios bajos.

Barbara: ¿Seguros de salud? ¿Para qué preocuparse? **No cambian mucho las cosas.**

T: No le **restes importancia** a los seguros, nunca sabes cuándo puede sucederte algo.

A: Yo tengo que **proveer** a mi hijo de un seguro de salud.

E: ¿Ya te has decidido?

A: En realidad, no. Me los **confundo** a todos. ¿Pueden ayudarme?

E: Cuando tienes que elegir un plan de seguro médico, debes tomar en cuenta el costo mensual que debes pagar y los servicios que cubre, como atención médica y medicinas. Otro tema a considerar es la cantidad de médicos que aceptan el plan y los hospitales que están incluidos. Y también debes fijarte cuánto debes pagar como co-pago por visita médica, y cuánto tienes que pagar por tu cuenta.

A: **Parecen** ser buenos consejos. **Los tomaré en cuenta.**

B: Yo, en verdad, **no veo para qué sirven.**

T: Barbie, **sería mejor** que seas previsora y pagues por un seguro de locatario.

B: **¿Para qué?** El locador tiene seguro para la vivienda.

T: Porque no cubre tus bienes personales en caso de robo.

B: Si eso pasara, me iría de compras para reponerlos. ¡Sería más divertido!

E: Tom, ¿qué sucede con el seguro de tu auto?

T: Contrataré un seguro de responsabilidad civil.

E: Si pides un préstamo también tendrás que tener seguro contra colisión y contra todo riesgo.

T: ¿Lo requiere la ley?

E: No, quien te presta en dinero.

T: ¡Qué astuto!

Let's speak English
Hablemos en inglés

¡Escucha los audios en la web!

1 Estudiemos esta expresion con el verbo **make:**

Not make any difference: No cambia las cosas.

Whether he comes or not **doesn't make any difference.**
Si viene o no, **no cambia las cosas.**

---

2 Fíjate en estas expresiones con **mind:**

Make up your mind:
Tomar una decisión.

I've **made up my mind.**
I'll get the blue raincoat.
Ya me decidí. Llevo el impermeable azul.

Keep it/Bear it in mind: Tomar en cuenta.

I'll **keep** your advice **in mind** when I choose the insurance plan.
Tomaré en cuenta tu consejo cuando elija un plan de seguro.

---

3 Estudiemos estas expresiones que sirven para **suavizar la información y no ser categórico:** (Consulta los Apuntes de gramática)

(It) seems/appears (that)/to:
Parece que.

It seems /appears (that) we finally agreed.
Parece que finalmente nos pusimos de acuerdo.

The weather **seems/appears** to be better.
Parece que el tiempo mejoró.

---

4 Cuándo quieres saber **para qué sirve algo,** puede hacer estas preguntas:

What for?
¿Para qué?

What do you use it for?
¿Para qué lo usas?

- I got this new gadget
Me compré este nuevo aparato.
- **What's it used for?**
¿Para qué se usa?

---

5 Aprendamos esta expresión con el sustantivo **use** cuando preguntas por la utilidad de algo:

What's the use of it?
¿De qué sirve?

Take it easy!, **What's the use of** worrying?
Tómalo con calma, ¿De qué sirve preocuparse?

---

6 Cuando **das consejos sobre algo que consideras urgente,** puedes usar **you'd better:** (Consulta los Apuntes de gramática)

You'd better call her right now.
Te aconsejo que la llames ahora mismo.

We'd better leave now if we want to arrive on time.
Será mejor que salgamos ahora si queremos llegar a tiempo.

-Estos verbos tienen, básicamente, los siguientes significados:

Play (played/played):

-Jugar.

The children were **playing** basketball.
Los niños **jugaban** al básquetbol.

-Ejecutar, tocar un instrumento.

She **plays** the piano very well.
Ella **toca** muy bien el piano.

Mix (mixed/mixed):

-Mezclar:

If you **mix** yellow and blue, you get green.
Si **mezclas** el amarillo con el azul obtienes el verde.

Provide (provided/provided):

-Proveer, dar:

The department store **provides** many benefits to its employees.
La tienda departamental **provee** de muchos beneficios a sus empleados.

Estudiemos algunos **verbos compuestos** muy comunes con **provide, mix** y **play**:

Provide

Provide for: proveer a una persona de lo necesario para vivir bien, mantener.

Alyson has a child to **provide for.**
Alyson tiene que **mantener** a su hijo.

Mix

Mix up:

- confundir, no diferenciar.
I always **mix up** the names of his sisters.
Siempre me **confundo** el nombre de sus hermanas.

-desordenar.
You've **mixed up** all my papers!
¡**Mezclaste** todos mis papeles!

Play

Play off: jugar los partidos
eliminatorios de un torneo
His team will **play off** next weekend.
Su equipo **jugará las eliminatorias**
el próximo fin de semana.

Play down: no darle importancia a algo:
She **played down** the
seriousness of her accident.
Ella le **restó importancia** a la
seriedad de su accidente.

Play up: hacer que algo parezca
más importante de lo que es.
The ad **plays up** the benefits of the
flat screen, but doesn't mention the cost.
El anuncio **destaca** los beneficios de la pantalla
plana, pero no menciona el costo.

Play back: volver a ver o escuchar
algo que ha sido grabado.
He **played back** the song a hundred times!
¡Volvió a escuchar la canción cien veces!

Learning Tips

*Para familiarizarte con el vocabulario
que se usa en los bancos y en
cuestiones relativas al dinero hay un
truco muy sencillo que es tomar los
folletos de los bancos donde informan
los distintos servicios que ofrecen.*

*Todos estos folletos suelen estar en
inglés y en español.
Pide ambos, inglés y español, y
familiarízate con las palabras,
expresiones y su significado.*

*¡Ni siquiera vas a necesitar el
diccionario esta vez!*

Expanding your vocabulary
Aumenta tu vocabulario

Insurance
/ Seguros

Homeowner's insurance
Seguros para la vivienda

Coverage: Cobertura.

Policy: Póliza

Premium: Prima.

Deductibles: Franquicia, suma que

debe pagar una persona antes de que

su seguro pague el resto.

File a claim: Presentar una demanda

ante una compañía de seguros.

Flood insurance: Seguro contra

inundaciones.

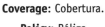

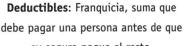

Homeowner: Propietario.

Tenant: Inquilino.

Renter: Inquilino.

Landlord/Landlady: Locador/a, quien alquila una propiedad.

Homeowner´s insurance: Seguro para la vivienda.

Property damage coverage: Cobertura contra daños a la propiedad.

Medical payments coverage: Cobertura por gastos médicos.

Additional living expenses: Gastos de vida adicionales.

Claim: Reclamo.

Policyholder: Titular de una póliza.

Insurance agent/broker: Agente, productor de seguros.

Renter´s insurance: Seguro del locatario/arrendatario.

Personal possessions: Cobertura de bienes personales.

Personal liability coverage: Cobertura de responsabilidad personal.

Insurer: Asegurador.

Car Insurance / *Seguro del automóvil*

Bodily injury liability coverage: Cobertura de responsabilidad personal por lesiones corporales.

Comprehensive coverage: Cobertura contra todo riesgo/amplia (excepto colisión).

Liability: Responsabilidad civil.

Insurance card: Tarjeta del seguro.

Liability Coverage:
Seguro de responsabilidad civil.

Personal injury protection (PIP):
Protección contra lesiones personales.

Underinsured motorist: Cobertura contra un automovilista con seguro insuficiente.

Uninsured motorist coverage: Cobertura contra un automovilista no asegurado.

Collision coverage:
Cobertura contra colisión.

Property damage:
Cobertura por daños a la propiedad.

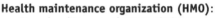

Health Insurance / Seguro de salud

Health maintenance organization (HMO):
Organización para el mantenimiento de la salud.

Co-payment: co-pago, suma que se debe pagar cada vez que visita a un médico.

Primary care physician:
Médico de cabecera.

Physician: Médico.

Network: Médicos afiliados a la HMO.

Not network:
Médicos no afiliados a la HMO.

Over the counter (OTC): Medicinas que se pueden comprar sin receta.

Prescription: Receta.

Medicaid: Programa de asistencia que cubre los gastos médicos de personas de cualquier edad cuyos ingresos son bajos.

Medicare: Programa de seguro de salud para ciudadanos o residentes mayores de 65 años, o personas jóvenes con discapacidades.

Let's practice *Practiquemos*

Las respuestas (Key) están al pie de la página.

A. Une estas mitades de oraciones para que tengan sentido.

1) I´ve made up my mind. (__)

2) It seems (__)

3) Everything will be OK, (__)

4) Keep it in mind (__)

5) It makes no difference (__)

6) You´d better (__)

a) it's going to rain.

b) hurry or you'll miss the bus.

c) when you choose your insurance company.

d) I´m going to travel to Canada.

e) where you put that couch.

f) what's the use of crying?

B. Une los verbos compuestos de la columna izquierda con su significado en español.

1) Provide for (__)

2) Play back (__)

3) Mix up (__)

4) Play down (__)

5) Play off (__)

6) Play up (__)

a) Confundir.

b) Dar más importancia.

c) Volver a ver o escuchar.

d) Restar importancia.

e) Proveer de.

f) Jugar eliminatorias.

C. Completa las siguientes oraciones con los verbos compuestos del ejercicio B:

1) I always_____Robert De Niro and Al Pacino.

2) The brochure_____the comfort of the hotel, but doesn't mention the location.

3) _____that song, please. I love it.

4) Don´t _____the importance of speaking many languages.

5) He has to_____his son's education.

6) They_____for the championship tonight.

D. Completa las explicaciones con el vocabulario correcto:

1) If you own your house, you need _____ insurance.

2) If you rent an apartment, you need_____ insurance.

3) The person who sells insurance is called _____ _____.

4) If you want to insure yourself against collisions, you need _____ insurance.

5) If you are insured, you have to pay a _____ every month.

6) If a driver doesn't have insurance, he/she is called _____.

7) The medicines that can be bought without prescription are called _____.

¡Escucha los audios en la web!

UNIT 10

Buying or renting?

¿Comprar o alquilar?

Tom, Esteban y Alyson están conversando después del trabajo. Barbara interrumpe la conversación.

Barbara: Come on, Tom. Let's go home! I **can't wait** to go swimming in the pool!

Alyson: Do you have a swimming pool at home?

B: Yes, I rent an apartment in a building that has many fantastic amenities.

A: That must be great!

Esteban: How much are you paying for those amenities?

B: I pay **around** $2,000 for the rent and I can make use of everything I want.

A: That's a lot of money! How many rooms does your apartment have?

B: A living room, a bedroom, a small kitchen and a bathroom.

A: I **dream of** buying a small townhouse in a quiet neighborhood.

B: I love the **hustle and bustle** of the city.

Tom: Alyson, are you in good financial shape?

A: Yes, I **think so**. I have a job and my credit is in good standing. And as I told you, I'm very organized.

T: Then you can take out a mortgage.

E: Yes, I bought my house with a mortgage. It's the most affordable way.

T: You make a down payment at the beginning, and then you pay the installments every month.

B: I think renting is much better.

A: Why?

B: Because paying a mortgage now to own the house 30 years later sounds crazy to me! And besides, what if you want to change neighborhoods, or **move away** from the city?

A: In my opinion, buying a house is a way of making an investment for the future.

T: A real estate agent can help you **clear up** your doubts. They always know all the tips and tricks to buying or selling homes. So, why are you waiting to **make your dream come true?**

Barbara: ¡Apúrate, Tom, vayamos a mi casa! **¡No veo la hora** de ir a nadar en la piscina!

Alyson: ¿Tienes una piscina en tu casa?

B: Sí, alquilo un apartamento en un edificio que tiene muchos servicios fantásticos...

A: ¡Eso debe de ser muy bueno!

Esteban: ¿Cuánto pagas por esos servicios?

B: Pago **alrededor** de $2,000 por el alquiler, y puedo usar todo lo que quiera.

A: ¡Eso es muchísimo dinero! ¿Cuántos ambientes tiene tu apartamento?

B: Una sala de estar, un dormitorio, una pequeña cocina y un baño.

A: **Yo sueño con** comprarme una pequeña casa en un vecindario tranquilo.

B: A mí me encanta **el movimiento** de la ciudad.

Tom: Alyson, ¿estás en una buena situación financiera?

A: **Sí, creo que sí.** Tengo un trabajo y mi crédito está en buena situación. Y como te dije, soy muy organizada.

T: Entonces puedes pedir una hipoteca.

E: Sí, yo compré mi casa con una hipoteca. Es la manera más accesible.

T: Pagas un adelanto al principio y luego pagas cuotas todos los meses.

B: Yo pienso que alquilar es mucho mejor.

A: ¿Por qué?

B: ¡Porque pagar una hipoteca ahora para ser dueño de una casa dentro de 30 años me parece una locura! ¿Qué haces si quieres cambiar de vecindario o **irte** de la ciudad?

A: En mi opinión, comprar una casa es una manera de hacer una inversión para el futuro.

T: Un agente inmobiliario te puede ayudar a **aclarar** tus dudas. Ellos siempre conocen todo los secretos de la compra y venta de casas. ¿Qué estás esperando para **hacer realidad tu sueño**?

Life in the US

Como vimos en otra unidad, en Estados Unidos, la educación pública es gratuita.

Aunque también ofrecen servicio de transporte y de alimentación, ambos por una cantidad mínima. Le servirán al niño desayuno y almuerzo.

Para los padres que trabajan y no pueden llevar a sus hijos a su casa, existen programas organizados por las ciudades, que llevan a los niños a sitios especiales en donde practican deportes, hacen las tareas de la escuela y tienen espacio para su recreación después de concluída la jornada escolar.

Let's speak English
Hablemos en inglés

¡Escucha los audios en la web!

1 Esta expresión puedes usarla cuando estás **eager** (ansioso/a) o **excited** (entusiasmado/a) por hacer algo:

I **can't wait to** + verb:

I **can't wait to** see the new Brad Pitt movie.
No veo la hora de ver la nueva película de Brad Pitt.

I **can't wait** to call her!
¡Estoy ansioso/a por llamarla!

2 Para **confirmar o contestar una pregunta**, puedes decir:

Is that the restaurant?
¿Es aquel el restaurante?
I think so. / Creo que sí.

Is she coming?
¿Ella viene?
I don't think so. / No creo.

3 Estudiemos esta expresión con la palabra **dream**:

Why are you waiting **to make your dreams come true**?
¿Qué estás esperando **para hacer realidad tus sueños?**

-**Fíjate en estas otras frases**:

-**Dream on!** (humor)
¡Sigue soñando! Lo dices cuando **no crees que algo que te han dicho suceda.**

- I hope I'll get a raise!
¡Creo que me darán un aumento!
- Dream on!
¡Sigue soñando!

-**Wouldn't dream of something/doing something:** para decir que **no harías algo porque consideras que está equivocado:**

I wouldn't dream of moving to a different city.
Ni se me ocurriría mudarme a una ciudad diferente.

-**Dream team:**
Un equipo de gente (por ej: profesionales, deportistas), que son los mejores en su trabajo.

A dream team of basketball players.
Un equipo con los mejores jugadores de básquetbol.

-Hacer algo **like a dream** es hacerlo muy bien:

Dinner went **like a dream.**
La cena resultó **como** lo había soñado.

-The **American dream:** El sueño americano. Pensar que en los Estados Unidos todo los sueños se pueden hacer realidad.

Buying a house is part of **the American dream.**
Comprar una casa es parte del **sueño americano.**

4 Fíjate en esta expresión para indicar **actividad y movimiento**:

I like the **hustle and bustle** of the city.

Me gusta la **actividad/el movimiento** de la ciudad.

5 Para indicar **aproximación**, usamos estas palabras:

Around: Alrededor de...
The rent is **around** $650.
El alquiler cuesta **alrededor de** $ 650.

Approximately: Aproximadamente.
The trip took **approximately** 2 hours.
El viaje duró **aproximadamente** 2 horas.

About: Alrededor de, aproximadamente.
There were **about** 30 people at the party.
Había **alrededor de** 30 personas en la fiesta.

-Estos verbos tienen, básicamente, los siguientes significados:

Dream (dreamt/dreamed-dreamt/dreamed):

-Soñar.

I dreamt I was on vacation!
Soñé que estaba de vacaciones.

Move (moved/moved):

-Mover.

Can you **move** this table to the right, please?
Puedes **mover** esta mesa hacia la derecha, por favor?

-Mudarse.

They **moved** to Santa Barbara two years ago.
Se **mudaron** a Santa Barbara hace dos años.

Clear (cleared/cleared):

-Aclarar (pensamientos).

I'm very confused. I need to **clear** my head.
Estoy confundido, necesito **aclarar** mis pensamientos.

Estudiemos algunos **verbos compuestos** muy comunes
con **move**, **dream** y **clear**:

Move

Move away:
-mudarse a otro lugar:
She **moved away** to the South.
Se **mudó** al sur.

Move in:
-comenzar a vivir en un lugar nuevo:
They **moved in** last week.
Se **mudaron** la semana pasada.

Move out: salir del paso
Let´s **move out** of the way!
The match has finished.
¡Salgamos del paso! El partido ha terminado

Dream

Dream about/of:
-imaginar algo que nos gustaría que suceda:

I **dream of/about** living by the sea!
¡**Sueño con** vivir al lado del mar!

Dream up:
-imaginar una idea o plan por lo general
no muy fácil de concretar.

John is always **dreaming up**
ways to win a million dollars!
John siempre está **soñando con** nuevas
maneras de ganar un millón de dólares.

Clear

Clear up:
-mejorar (el tiempo):

I hope the weather **clears up** for tomorrow.
Espero que el tiempo **mejore** para mañana.

-mejorar (una enfermedad):

If my sore throat doesn't **clear up**,
I won't go to class tomorrow.
Si mi dolor de garganta no **mejora**,
no iré a clase mañana.

-aclarar (dudas, una situación, etc.):

Her explanation **cleared up** the situation.
Su explicación **aclaró** la situación.

Clear out:
-irse/ retirar pertenencias de un lugar:

The landlady asked him to **clear out**
as soon as possible.
La locataria le pidió que **retirara todas
sus cosas** lo antes posible.

Learning Tips

Si te diriges a una reunión importante
en la que se va hablar en inglés y
quieres dar lo máximo de tu nivel
de inglés, es bueno que llegues
a la reunión habiendo tenido lo
que se llama los «minutos de pre-
calentamiento».
Esta técnica es muy sencilla. Consiste
en «calentar» el oído y tu conversación
al idioma inglés, para no llegar a la
reunión y arrancar de pronto en un
idioma que no es el tuyo. Para hacerlo,
al ir hacia la reunión, escucha la radio
en inglés o los Audio CDs del curso para
«calentar» el oído.
Si puedes, haz lo mismo pero hablando
tú en inglés. Lo
importante es que
llegues a la reunión
con varios minutos
de inglés escuchado y
hablado. Así no llegarás
en «frío».

Hello guys!

Expanding your vocabulary
Aumenta tu vocabulario

Housing
/ La vivienda

Real estate agency:
Agencia inmobiliaria.
**Real estate
agent or realtor:**
Agente inmobiliario/de
bienes raíces.

Agreement: Contrato.
**Adjustable rate
mortgage:** Hipoteca
con tasa de interés
ajustable.

FOR SALE

**Apartment
building:** Edificio
de apartamentos.

Apartment for Rent

Apartment: Apartamento.
Approval: Aprobación.
Buy: Comprar.
Commission: Comisión.
Closing:
Cierre de una transacción.

Comparative market analysis: Análisis
comparativo del mercado.
Condominium or Condo: Condominio,
edificio de apartamentos.
Contract: Contrato.
Counter offer: Contraoferta.
Deposit: Depósito (para
reservar algo que se va a comprar).

Down payment: Adelanto, cuota inicial.
Fixed rate mortgage:
Hipoteca con tasa de interés fijo.
Homeowner: Propietario.
Landlady: Locataria, mujer
que alquila una propiedad.
Landlord: Locatario, hombre
que alquila una propiedad.
Loan: Préstamo.
Mortgage: Hipoteca.

Offer: Oferta.
Pre-approval: Preaprobación.
Principal: Capital
Qualify: Reunir los requisitos
para recibir un préstamo.
Rates: Tasas.
Real Estate: Bienes raíces, inmuebles.

Rent: Alquilar-alquiler.
Roommate: Persona con la que compartes
una casa o un apartamento.
Sell: Vender.
Single family home:
Casa unifamiliar.

Studio: Estudio, habitación
con cocina y baño.
Tenant: Inquilino.
Townhouse: Casa pequeña
unida por su construcción a otra.

Walk-through:
Inspección que hace quien
está por comprar casa antes
del cierre de la operación.

Let's practice
Practiquemos

Las respuestas (Key) están al pie de la página.

A. Completa estos ejercicios usando expresiones con **dream**:

1) T: Next year I'll buy a Mercedes. You:
_____

2) I _____ buying such an expensive car. I prefer smaller and economical ones.

3) Buying your own house and a good car is part of the _____.

4) The surprise birthday party for Jenny went _____. She was so happy!

5) There are no more tickets to see the _____. We'll have to watch the match on T.V.

B. Une los verbos compuestos con su significado en español.

1) move away (___)   a) Mejorar (el tiempo).

2) clear up (___)   b) Aclarar dudas.

3) move in (___)   c) Comenzar a vivir en un lugar.

4) clear up (___)   d) Imaginar algo que nos gustaría que suceda.

5) dream up (___)   e) Mudarse a otro lugar o ciudad.

C. Completa los espacios en blanco con las frases del ejercicio **B** en el tiempo verbal que corresponda:

1) He used to_____plans to earn money without working.

2) I have to ask the teacher some questions to _____my doubts.

3) I _____meeting him again! He's so good looking!

4) If the weather _____ I'll go jogging in the park.

5) My best friend _____when we were in high school. We chat every night on the Internet.

6) My new neighbor is Japanese. She _____last weekend.

D. Completar con el vocabulario que corresponda:

1) When you want to buy a house, you can go to a _____.

2) The person who owns a house is called a _____.

3) The loan to buy a house is called a _____.

4) The money you pay the realtors for their services is called_____.

5) A small house in the suburbs is called a _____.

¡Escucha los audios en la web!

UNIT 11

A package from Mexico

Un paquete desde México

Alyson y Esteban hablan sobre diferentes formas de pago.

Alyson: I just got a letter from Mexico.

Esteban: What's up?

A: Everything´s OK. My uncle wants to send me the photos of grandma's birthday and some of the crafts he makes...

E: Mexican crafts are very nice.

A: Oh, yes. I love them. But shipping is expensive and he can't spend money unless it's absolutely necessary.

E: Your uncle doesn't have to pay for it. He may use the COD service. All the shipping companies offer it.

A: Oh, now that you mention it, I think my father told me about it.

E: He only has to take the package to one of their offices and **fill out** a form. Then you pay the cost of postage here when you get it.

A: That **seems to be** a good solution. I could **try it out**.

E: Yes, and besides, COD offers free insurance for items valued up to $100.

A: **By the way**, yesterday I watched a home shopping program on TV...

E: Home shopping! I always watch these programs in my spare time!

A: **You´re pulling my leg**! I know you don´t even watch TV! Well, the thing is they were **talking about** a special offer, the new Star Wars Episode III toys. I'd like to buy an Obi-Wan Kenobi figure for Charlie.

E: You can pay for that with a money order. You don't have to pay in advance and the seller is not at risk of check fraud.

A: Yes, I know, and I can understand why many stores **turn down** checks. Money orders are much safer for both the customer and the seller.

E: Yes, it´s better to use money orders than checks to pay bills through the mail. You just go to the nearest gas station, supermarket, or convenience store and you buy them.

A: Well, I'm going to call the phone number to place my order right now!

E: Good luck!

Alyson: Recién recibí una carta de México.

Esteban: ¿Qué hay de nuevo?

A: Está todo bien. Mi tío quiere enviarme las fotos del cumpleaños de mi abuela y alguna de las artesanías que hace...

E: Las artesanías mexicanas son muy bonitas.

A: Ah, sí. A mí me encantan. Pero enviarlas es caro y él no puede gastar dinero a menos que sea absolutamente necesario.

E: Tu tío no tiene que pagar por el envío. Puede usar el servicio COD. Todas las empresas de transporte lo ofrecen.

A: Ahora que lo mencionas, creo que mi padre me contó algo sobre eso.

E: Sólo tiene que llevar el paquete a una de las oficinas y **completar** una forma. Luego tú pagas el costo del envío aquí cuando lo recibes.

A: **Parece ser** una buena solución. Podría **probar**.

E: Sí, y además te ofrecen un seguro gratis para objetos que tengan un valor de hasta $100.

A: **Dicho sea de paso**, ayer miré un programa de telecompras.

E: ¡Telecompras! ¡Siempre miro esos programas en mi tiempo libre!

A: **¡Estás tomándome el pelo!** ¡Sé que ni siquiera miras televisión! Bien, el tema es que **hablaban sobre** una oferta especial, los nuevos juguetes de Star Wars Episode III. Me gustaría comprarle a Charlie el muñeco de Obi-Wan Kenobi.

E: Puedes pagarlo con un giro postal. No tienes que pagar por adelantado y el vendedor no corre el riesgo de recibir un cheque sin fondos.

A: Sí, lo sé, y ahora entiendo por qué tantas tiendas **rechazan** cheques. Los giros postales son mucho más seguros tanto para el cliente como para el vendedor.

E: Sí, es mejor usar giros postales en vez de cheques para pagar las cuentas por correo. Sólo tienes que ir a la gasolinera, el supermercado o el *convenience store* más cercano y los compras.

A: ¡Bueno, ya mismo llamo al número telefónico para hacer el pedido!

E: ¡Buena suerte!

Let's speak English
Hablemos en inglés

¡Escucha los audios en la web!

1 Cuando quieres **saber qué sucede** puedes usar las siguientes preguntas:

What's up?
¿Qué ocurre?

What's going on?
¿Qué sucede?

2 Cuando lo que dice una persona te hace **acordar de algo**, puedes usar esta frase:

Now that you mention it, I remember I saw her at the supermarket last week.

Ahora que lo mencionas, recuerdo que la vi en el supermercado la semana pasada.

3 Cuando alguien te dice **algo que no es cierto**, especialmente para **hacerte una broma**, puedes usar esta frase:

Pull my leg

A: I told the manager I was leaving my job.

A: Le dije al gerente que dejaba mi trabajo.

B: **Are you pulling my leg?**

B: ¿Estás hablando en serio? / ¿Me estás tomando el pelo? / ¿Estás bromeando?

4 Cuando quieres decir **algo que no está necesariamente relacionado** con el tema de la conversación:

By the way, do you have my phone number?

Dicho sea de paso, ¿tienes mi número de teléfono?

Life in the US

El US Post Office (Correos) es una agencia federal que funciona muy bien: es rápido, seguro y no es costoso. Hay muchas formas de enviar tu correo. El más común tarda dos o tres días para llegar a cualquier punto del país y cuesta relativamente poco. Luego hay otros servicios un poco más caros pero son aún más rápidos y pueden darte hasta certificación de entrega.

No dudes en preguntar en la oficina de correos que tengas más próxima cuál es el servicio postal que más te conviene para cada envío, sea nacional o internacional. Suelen ser muy amables y dar toda la información necesaria.

5 Los verbos **talk** y **tell:**

Talk: (talked-talked): Conversar/hablar.
Puedes usarlo con la palabra **about** (sobre).
We were just **talking.** / Sólo estábamos **conversando.**

We were **talking about** her new house.
Estábamos **hablando sobre** su nueva casa.

Tell: (told-told): Decir, contar.
Puedes usarlo con la palabra **about** (sobre).
He didn't **tell** me his name. / No me **dijo** su nombre.

My sister **told** me **about** her new boyfriend.
Mi hermana me **contó sobre** su nuevo novio.

¡Escucha los audios en la web!

Verbs and multi-word verbs *Verbos y verbos compuestos*

(Consulta los Apuntes de gramática)

-Estos verbos tienen, básicamente, los siguientes significados:

Fill (filled/filled):

-Llenar: Angie **filled** the glass with wine.
Angie **llenó** el vaso con vino.

-Cubrir, ocupar (un trabajo o puesto):

They **filled** the supervisor position in a week.
Ellos **cubrieron** el puesto de supervisor en una semana.

Try (tried/tried):

-Intentar: Tom **tried** to talk to his boss.
Tom **intentó** hablar con su jefe.

-Probar: Why don't you **try** this shampoo?
¿Por qué no **pruebas** este shampoo?

Estudiemos algunos **verbos compuestos** muy comunes con **try** y **fill**:

Fill

Fill out: -completar por escrito
(un documento, forma, solicitud, etc.):
You have to **fill out** this form, please.
Tiene que **completar** esta forma, por favor.

Fill in: -completar (espacios en blanco):
Fill in the blanks with the correct verb.
Complete los espacios en blanco
con el verbo correcto.

Fill up: -llenar completamente:
Fill up the tank, please.
Llene el tanque, por favor.

Try

Try out: probar cómo funciona algo
You have to **try out** used cars.
Tienes que **probar** los autos usados.

Try on: probarse ropa
You can **try on** those jeans.
Puedes **probarte** esos jeans.

Learning Tips

En la Biblioteca de tu barrio encontrarás unos libros que usan una cantidad limitada de palabras y que suelen estar acompañados de ilustraciones. Son libros para chicos que están empezando a estudiar la materia de inglés y práctica de la lectura.
Si deseas ver cuánto has avanzado ya, toma uno de esos libros y léelo, para ver con qué rapidez te desenvuelves ya en la lectura y comprensión del inglés.
Además, la pasarás bien y seguro que aprendes palabras y expresiones nuevas.

Aprendamos otra expresión con **turn** (ver Unit 3):

Turn

Turn down: -rechazar:
He proposed, but she **turned** him **down**.
Él le propuso matrimonio, pero ella lo **rechazó**.

Expanding your vocabulary
Aumenta tu vocabulario

Shipping of packages and envelopes
/ Envío de paquetes y sobres

Cash: Efectivo.
Check: Cheque.
Money order: Giro postal.

Package:
Paquete.

Ship: Enviar.
Shipping: Transporte.

Envelope:
Sobre.

Purchaser:
Comprador.
Return:
Devolver.

COD: Cash On Delivery: Método de pago en el que el producto o servicio comprado se paga cuando se lo recibe.
Transaction:
Transacción, operación comercial.
Payment: Pago.
Delivery: Entrega.

Seller: Vendedor.
Customer: Cliente.
Certified check:
Cheque certificado.

Shipping company: Empresa de transporte.
Door-to-door:
Puerta a puerta.

Working day: Día laborable.
Money back guarantee. Garantía de reembolso.
Pick-up: Retiro/ Recolección.

ipc.inglesen100dias.com
· EXPANDING YOUR VOCABULARY |

Buyer: Comprador.
Fraud: Fraude.
Default: Incumplimiento.
Pay upfront: Pagar por
adelantado.

◀

Pay in advance:
Pagar por adelantado.
Cashier's check:
Cheque.

▶

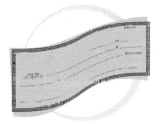

Package size:
Medida del
paquete.

◀

Package weight:
Peso del paquete.

▶

Let's practice
Practiquemos

Las respuestas **(Key)** están al pie de la página.

A. Coloca las expresiones correctas en el siguiente diálogo:

By the way

told

Now that you mention

talk ... about

What's up

pulling my leg

Sarah: _____(1)?

Kate: Well, you won't believe me, but I won two million dollars in the lottery.

S: You're _____!(2)

K: No, I'm not. I_____(3) you I had bought a ticket.

S:_____(4), yes, you're right.

K: _____(5), don't _____ to Bill _____(6) this. I want to give him a surprise.

S: I promise.

B. Fíjate si las siguientes oraciones son T (True) o F (False):

1) If you **fill up** the tank, you don't fill it completely. (__)

2) If they **turn down** your application, they don't accept it. (__)

3) If you **try** a car **out**, you want to know the price. (__)

4) If you **try on** a shirt, you want to see if it fits you. (__)

C. Tacha la palabra que sea diferente:

1) a-Pay in advance   b-Pay cash   c-Pay upfront

2) a-Payment   b-Package   c-Envelope

3) a-Money order   b-Check   c-Delivery

4) a-Buyer   b-Seller   c-Purchaser

5) a-Working day   b-Pick-up   c-Delivery

Key: A: 1-What's up?; 2-pulling my leg!; 3-told, 4-Now that you mention it, 5-By the way, 6-talk ... about / **B:** 1-F, 2-T, 3-F, 4-T / **C:** 1-b, 2-a, 3-c, 4-b, 5-a

ipc.inglesen100dias.com

LET'S PRACTICE |

¡Escucha los audios en la web!

UNIT 12
Surfing the Internet
Navegando por Internet

Tom y Esteban ayudan a Alyson a buscar información por Internet.

Esteban: Hey, Alyson, are you leaving?

Alyson: Yes, it's my lunchtime; **I'm off** to the Mexican Consulate.

Tom: Are you planning a trip to Mexico?

A: I'd love to! It´s been a long time since my last visit.

E: **Have** you **ever been** there with Charlie?

A: No, never. My relatives can't wait to see him! I was going to travel three years ago but I had to **call off** the trip because Charlie got sick.

T: Listen, why don't you **look up** the information you need on the Internet? Let's go to my office and I'll show you how to do it. Here, look... first, you **log on** to the site, you click on this icon and there you go!

A: You may think I'm stupid, but I haven't made friends with the Internet yet! Even Charlie gets by better than I do.

E: Don't worry, you'll soon get used to it.

A: Do I need a tourist card to enter Mexico?

E: I don't know, but we can check.

T: This is the Mexican Consulate site, let's see, we have to **log in**...

E: ...it says here that ... yes, but you can get it at the airport, with your valid passport or your birth certificate.

A: What about Charlie?

T: **Hang on** a second, here it is... you must show a legal proof of custody.

A: Oh, where do I get that?

E: You should ask a notary public. We can download this file.

A: I'd also like to know about flight tickets, can we check?

T: Sure. You can reserve your tickets online to save time. Look at this banner: «Links to best values and great deals on airline tickets» And maybe there are discounts for children.

A: Sounds good!

T: I will add these links to Favorites, so we can browse them later. Now you **log off**, and that's it.

A: The Web is amazing! I'll ask Charlie to **teach me the ropes**. I need to **make up for** lost time!

Esteban: Alyson, ¿te vas?

Alyson: Si, es mi hora del almuerzo, **me voy** al Consulado Mexicano.

Tom: ¿Estás planeando un viaje a México?

A: ¡Me encantaría! ¡Pasó mucho tiempo desde mi última visita!

E: ¿**Has viajado** allí **alguna vez** con Charlie?

A: No, nunca. ¡Mis parientes no ven la hora de conocerlo! Iba a viajar hace tres años, pero tuve que **cancelar** el viaje porque Charlie se enfermó.

T: Oye, ¿por qué no **buscas** la información que necesitas en Internet? Vayamos a mi oficina y te mostraré cómo hacerlo. Aquí, mira,... primero debes **conectarte** con el sitio, haces click en este ícono ¡y ya está!

A: Debes de pensar que soy estúpida, ¡pero todavía no me hice amiga de Internet! ¡Hasta Charlie se las arregla mejor que yo!

E: No te preocupes, pronto te acostumbrarás.

A: ¿Necesito una tarjeta de turista para entrar a México?

E: No creo, pero podemos fijarnos.

T: Este es el sitio del Consulado

Mexicano,... veamos, tenemos que **registrarnos**...

E: ...acá dice que... si, pero puedes obtenerla en el aeropuerto, con tu pasaporte válido o tu certificado de nacimiento.

A: ¿Y Charlie?

T: **Espera un minuto**, aquí está... Debes presentar una prueba legal de custodia.

A: Ah, ¿dónde la consigo?

E: Debes consultar con un escribano. Podemos bajar este archivo.

A: También quisiera averiguar por los pasajes de avión, ¿podemos fijarnos?

T: Claro. Puedes reservar tus pasajes por Internet para ahorrar tiempo. Mira este aviso: «Enlaces para los mejores precios y oportunidades en pasajes de avión». Y quizás haya descuentos para niños.

A: ¡Qué bien!

T: Agregaré estos enlaces a mis Favoritos, así podemos navegar por ellos más tarde. Ahora **sales**, ¡y eso es todo!

A: La Web es fascinante. Le pediré a Charlie que me **enseñe las cosas básicas**. Tengo que **recuperar el tiempo perdido**.

Life in the US

Las escuelas y universidades disfrutan de tres periodos vacacionales: las vacaciones de verano (summer vacation), que por lo general van desde finales de mayo o principios de junio hasta agosto; las vacaciones de primavera (spring break), que suele ser una semana en marzo o abril. Y las vacaciones de invierno (winter break) que corresponde a las últimas dos semanas de diciembre.

Let's speak English
Hablemos en inglés

¡Escucha los audios en la web!

 1

Cuando le pides **a alguien que te enseñe un trabajo o algo en especial**, puedes decir:

El gerente se pasó toda la mañana **enseñándome** el trabajo.

Show/teach me the ropes

The manager spent the whole morning **showing me the ropes**.

2 Para **preguntar si alguien hizo algo alguna** vez, usas el **presente perfecto +** **ever:** (Consulta los Apuntes de Gramática)

-para contestar en negativo, usas **never** (nunca):

-**Have** you **ever seen** a U.F.O?
-No, **never.** / No, I**'ve never seen** one.
No, nunca. / No, nunca he visto uno.

Have you **ever eaten** snails?
¿Has comido caracoles alguna vez?

-para contestar en afirmativo puedes usar:

Simple past: Yes, I **saw** one last weekend.
Sí, vi uno la semana pasada.

Have you **ever seen** a U.F.O?
¿Has visto un ovni alguna vez?

Present perfect: Yes, I**'ve seen** them many times.
Sí, los he visto muchas veces.

¡Escucha los audios en la web!

Verbs and multi-word verbs *Verbos y verbos compuestos* *(Consulta los Apuntes de gramática)*

-Estos verbos tienen, básicamente, los siguientes significados:

Log (logged/logged):

-Talar árboles: They've been **logging** these forests for a long time.
Han estado **talando** estos bosques durante mucho tiempo.

-Registrar: The police **logged** the names of the suspects.
La policía **registró** los nombres de los sospechosos.

Hang (hung/hung):

-Colgar: He **hung** the coat from the coat hanger.
Él **colgó** su abrigo del perchero.

-Doblar: **Hang** a left at the corner.
Dobla a la izquierda en la esquina.

Make (made/made):

-Hacer, fabricar, tomar, cometer, lograr:

She **made** two pizzas for dinner. / Ella **hizo** dos pizzas para la cena.
Don't **make** noise! / No **haga**s ruido.
She has to **make** a decision. / Tiene que **tomar** una decisión.
You're **making** a mistake. / Estás **cometiendo** un error.
Jack is **making** progress with English. / Jack está **logrando** progresos con el inglés.

Call (called/called):

-Poner un nombre: They **called** their son Steve.

Ellos **llamaron** Steve a su hijo.

-Llamar
por teléfono: I´ll **call** the police. / **Llamaré** a la policía.

-Llamar para
que venga: Can you **call** your brother? He's in his bedroom.

¿Puedes **llamar** a tu hermano? Está en su dormitorio.

Estudiemos algunos **verbos compuestos** muy comunes con **call**, **make**, **hang** y **log**:

Call

Call back:
llamar por teléfono a alguien
que te ha llamado, devolver el llamado
He **called** me **back** but I had left already.
Él me **devolvió el llamado**,
pero yo ya me había ido.

Call off: cancelar algo planeado.
They **called off** their trip.
Ellos **cancelaron** su viaje.

Make

Make up for: compensar
She has to **make up for** the hours
she left early.
Ella tiene que **compensar por**
las horas que se fue temprano.

Make up (with):
amigarse con alguien.
They argue a lot, but they always **make up**.
Ellos discuten mucho, pero siempre se **amigan**.

Make out:
ver, escuchar o entender con dificultad.
I can't **make** women **out**.
No puedo **entender** a las mujeres.

Hang

Hang on: esperar
Hang on, she'll be with you in a minute.
Espera, ella estará contigo en un minuto.

Hang up:
colgar, finalizar una conversación telefónica.
She **hung up** when he came in.
Ella **colgó** cuando él entró.

Hang around:
dar vueltas/estar en un lugar
sin un fin específico
They were just **hanging around** the store.
Estaban **dando vueltas** por la tienda.

Log

Log in/on/on to:
Entrar, comenzar una sesión, conectarse con
un sitio de Internet, mediante un *password*.

Log out/off:
Salir, terminar la sesión en un sitio de Internet.

Aprendamos otras
expresiones con **look**
(ver Unit 4) y **be** (ver Unit 5):

Look

Look up: buscar información
I'm **looking up** the word in the dictionary.
Estoy **buscando** la palabra en el diccionario.

Be

Be off: irse, salir
I'm **off** to see the doctor.
Me **voy** a ver al médico.

Learning Tips

Si tienes acceso a Internet,
una manera muy rápida para
aprender cómo dar direcciones
es entrar en cualquier sitio web
que tenga el servicio de dar
direcciones para llegar a un
lugar. Por ejemplo, Yahoo te
ofrece este servicio cuando pides
que te ubique una dirección.

Si le escribes la dirección desde
donde vas a salir a ese lugar,
te da las instrucciones paso a
paso de cómo llegar. En cada
instrucción, tienes un ejemplo
buenísimo y muy práctico de
cómo dar direcciones en inglés
para llegar a un lugar.

Si no tienes Internet, puedes
acudir a cualquier oficina del
AAA (American Automobile
Association), donde si pides la
misma información te la darán
impresa en un papel junto al
mapa del recorrido.

Expanding your vocabulary
Aumenta tu vocabulario

Internet

Blog: Diario personal disponible en Internet.
Broadband: Banda ancha.
Browser: Navegador.

Cyberspace: Ciberespacio.
Browse: Navegar.
Database: Base de datos.
Download: Bajar archivos.

Firewall: Filtro protector.
Freeware: Software gratis.
Home Page/Home: Página de inicio.
Web surfer: Quien navega por Internet.

E-Mail: Correo electrónico.
Favorites: Favoritos.
FAQ-Frequently Asked Questions: Preguntas frecuentes.

Mailing List: Lista de correo.
Navigate: Navegar.
News groups: Grupos de noticias.
Network: Red.

Page: Página.
Password: Contraseña.
Portal: Portal.
Provider: Proveedor.

Scam: Fraude informático.
Sign Up: Registrarse.
Site: Sitio.
Spam: Correo basura.
Search Engine: Motor de búsqueda.

Virus: Virus informático.
Spyware: Software espía.
Surf. Navegar.
Upload: Subir archivos.
User Id: Nombre del usuario.

Let's practice
Practiquemos

Las respuestas **(Key)** están
al pie de la página.

A. Coloca la frase verbal que corresponda en el tiempo verbal correcto:

hang around

make out

looking up

log in/on

call off

hung up

made up

make up for

'm off

call back

1) They were bored, just_____in the park.

2) I have to work hard to _____the time I was sick.

3) I_____. I have classes at 2.

4) He can't _____ a single word when she speaks Portuguese.

5) She's _____information about Italy in the encyclopedia.

6) To browse the site, you just _____here.

7) I was talking to him on the phone but he suddenly ____ _____.

8) They didn't talk to each other for five years, but now they've _____.

9) She_____the appointment with the doctor.

10) I _____ but he had left.

B. Une las palabras de la columna izquierda con su significado en español:

1) Download (__)

2) Password (__)

3) Page (__)

4) Firewall (__)

5) Spam (__)

6) Search engine (__)

7) Browser (__)

8) Freeware (__)

9) User ID (__)

10) Site (__)

a) Software gratis

b) Correo basura

c) Motor de búsqueda

d) Sitio

e) Nombre de usuario

f) Bajar un archivo

g) Contraseña

h) Navegador

i) Filtro protector

j) Página

Key: A. 1-hanging around, 2-make up for, 3-'m off, 4-make out, 5-looking up, 6-log in/on, 7-hung up, 8-made up, 9-called off, 10-called back / B. 1-f, 2-g, 3-j, 4-i, 5-b, 6-c, 7-h, 8-a, 9-e, 10-d

UNIT 13
Planning the weekend

Los planes para el fin de semana

Alyson, Esteban, Tom y Barbara están hablando sobre los planes para el fin de semana.

Barbara: **Thank God** it's Friday!

Tom: Yes! **At last!** I had a very busy week.

Alyson: What are you guys doing this weekend?

T: I've **taken up** cycling, so I'm going to go for a ride with a friend of mine on Sunday morning.

A: Sounds good! I'd love **to be good at** a hobby!

B: But Tom, we planned to have dinner at the new Thai restaurant. Did you forget it?

T: **I'd prefer** a quiet Saturday evening at home. I **feel like** watching a movie, relaxing... going to bed early...

B: Well, **you'd better change your mind.** I've just made a reservation. You can't **back out** now.

T: OK, OK.

A: And you, Esteban?

Esteban: In the morning, I'll go to the supermarket and then I have the «Saturday Afternoon Bathe The Dog Ritual».

B: How about you Alyson? Are you going to do anything special this weekend?

A: Yes. I'm going to spend it with my son, at home, I guess. Or maybe I'll go to the park so he can play with other kids.

B: Is that all?

A: Well, I don't see Charlie a lot during the week, so spending time with him **makes my day.**

E: **Take advantage** of the years when your child wants to be with you. It doesn't last long, you know.

A: Yes, you're right. **Time flies!**

Barbara: ¡**Gracias a Dios** es viernes!

Tom: ¡Sí, **por fin**! Tuve una semana muy ocupada.

Alyson: ¿Qué hacen este fin de semana?

T: Yo **empecé** a andar en bicicleta, así que voy a salir a andar con un amigo mío el domingo a la mañana.

A: ¡Qué bien! ¡Me encantaría **hacer bien** algún hobby!

B: Pero Tom, nosotros planeamos ir a cenar al nuevo restaurante tailandés, ¿te olvidaste?

T: Yo **preferiría** pasar un sábado tranquilo en casa. **Tengo ganas** de mirar una película, descansar..., irme a dormir temprano...

B: Bueno, **será mejor que cambies de opinión**. Acabo de hacer una reserva. No puedes **echarte atrás** ahora.

T: OK, OK.

A: ¿Y tú, Esteban?

Esteban: A la mañana, iré al supermercado y luego tengo el «Ritual del baño del perro de los sábados por la tarde.»

B: ¿Y tú, Alyson? ¿Vas a hacer algo especial este fin de semana?

A: Sí, lo voy a pasar con mi hijo, en casa, supongo. O quizás iré al parque así puede jugar con otros niños.

B: ¿Eso es todo?

A: Bueno, yo no lo veo mucho a Charlie durante la semana, así que pasar el tiempo con él **me alegra el día.**

E: **Aprovecha** los años en los que tu hijo quiere estar contigo. No dura mucho, sabes.

A: Sí, tienes razón. ¡**El tiempo vuela**!

Life in the US

Si dispones de carro propio, en casi todos los estados te van a exigir tener un seguro vigente para tu carro, aunque sea el mínimo contra terceros. Es ilegal circular sin seguro de automóvil. Además, si llegas a tener un accidente y no tienes seguro, no importa de quien fue la culpa, te tocará correr con todos los gastos del accidente, tanto del carro que chocaste como de las personas que pudieran precisar de atención médica. Y con lo caras que son las reparaciones y la atención médica, ¡mejor ten un seguro!.

Let's speak English
Hablemos en inglés

1 Si algo **te hace muy feliz** puedes decir:

Taking my kid to the park on Sundays **makes my day**.

Llevar a mi hijo al parque los domingos **me alegra el día**.

2 Fíjate en esta expresión:

Take advantage of the end-of-season sale week. You can get good things at a very low price.

Aprovecha las ofertas del fin de temporada. Puedes comprar cosas buenas a precios muy bajos.

3 Estudiemos la expresión **be good at.** Si está seguida por un verbo, este debe terminar en **–ing**. (Consulta los Apuntes de gramática)

He's very **good at playing** soccer.
Él **es** muy **bueno jugando** al fútbol.

I'm not very **good at playing** soccer.
No **soy** muy **bueno** jugando al fútbol.

4 La expresión **Thank God** la usas para expresar **alivio porque algo termina o pudimos evitarlo**, o **cuando algo malo no sucedió.**

Thank God I arrived on time!
¡**Gracias a Dios** llegué a tiempo!

Thank God I found my watch.
¡**Gracias a Dios** encontré mi reloj!

-otra expresión muy común es **Oh, my God!** que se usa para **enfatizar una reacción:**

Oh, my God! I lost my keys!

-también escucharás **Gosh!**, que se usa del mismo modo.

Gosh, I forgot my keys!
¡**Dios mío!** ¡Perdí mis llaves!

---

5 Estudiemos algunas frases con la palabra **last:**

At last!: ¡Por fin!/Finalmente.

I could talk to her **at last!**
¡**Por fin** pude hablar con ella!

At last, she said she was coming.
Finalmente dijo que iba a venir.

The last minute: Último momento.

She always leaves things until **the last minute**.
Siempre deja las cosas para **último momento.**

Last but not least:
No por mencionarse último deja de ser importante.

I really enjoy swimming, cycling, and **last but not least**, fishing.
Realmente disfruto nadar, andar en bicicleta, y **no por último menos importante**, pescar.

---

6 Para expresar **preferencias**, puedes decir: (Consulta los Apuntes de Gramática)

I prefer romantic movies.
Prefiero las películas románticas.

I'd prefer to go home now.
Preferiría ir a mi casa ahora.

I'd rather read a book.
Prefiero leer un libro.

---

7 Para expresar que tú o alguien ha **cambiado de idea**, usas **change (my, your, etc.) mind:**

I was going to go jogging, but I **changed my mind**. I'll watch a movie instead.

Iba ir a correr, pero **cambié de idea**. Mejor miraré una película.

---

8 Para hablar del **paso del tiempo** puedes usar estas frases:

Your son is 18? Oh, my God, **time flies!**
¿Tu hijo tiene 18 años? ¡Dios mío, **el tiempo vuela!**

Time will tell if we were right.
El tiempo dirá si teníamos razón.

Verbs and multi-word verbs *Verbos y verbos compuestos*

(Consulta los Apuntes de gramática)

-Estos verbos tienen, básicamente, los siguientes significados:

Feel (felt/felt):

-Sentir: I don't **feel** very well today.
Hoy no me siento muy bien.

Back (backed/backed):

-Apoyar, respaldar.   The teacher always **backs** her students' ideas.
La maestra siempre **apoya** las ideas de sus alumnos.

Estudiemos algunos **verbos compuestos** muy comunes con **back** y **feel:**

Aprendamos otra expresión con **take** (ver Unit 7):

Take

Take up: comenzar a hacer una actividad, especialmente como un hobby.

I've **taken up** chess and I love it!
¡**Empecé** a jugar al ajedrez y me encanta!

Back

Back out: echarse atrás, no cumplir con algo que se prometió.

They promised to come, but they **backed out** at the last minute.
Ellos prometieron venir, pero se **echaron atrás** a último momento.

Back up:
-hacer copias de seguridad de los archivos de una computadora.
I **back up** my files everyday.
Yo **hago una copia de seguridad** de mis archivos todos los días.

-apoyar, respaldar.
They **back up** our plan.
Ellos **respaldan** nuestro plan.

Learning Tips

Puedes ayudarte con el espejo para mejorar tu pronunciación. Mírate en el espejo y repite varias veces las palabras lentamente. Fíjate de decir las palabras con claridad, estudiando cómo usas tus labios y dientes. ¡Verás como consigues mejorar tu pronunciación con esta técnica tan sencilla!

Feel

Feel like: tener ganas.

I **feel like** eating pasta today.
Tengo ganas de comer pasta hoy.

I don't **feel like** going out.
No tengo ganas de salir.

Expanding your vocabulary
Aumenta tu vocabulario

The weekend
/ El fin de semana

Activities / Actividades

Chat online:
Chatear por Internet.
Go to the gym:
Ir al gimnasio.

Go fishing: Ir a pescar.
Go jogging:
Salir a correr.

Go to the Casino:
Ir al casino.
Go to amusement parks: Ir a parques de diversiones.

Go camping: Ir de campamento.
Do yoga: Hacer yoga.

Go out for dinner:
Salir a cenar.
Go out: Salir.

Go to the supermarket:
Ir al supermercado.
Go to the movies:
Ir al cine.

Go to a recital:
Ir a un recital.
Go shopping:
Ir de compras.

Go cycling:
Ir a andar en bicicleta.
Go dancing: Ir a bailar.

Go to the theater:
Ir al teatro.
Play a sport:
Practicar un deporte.

Play bingo: Jugar al bingo.
Stay at home:
Quedarse en casa.

Indoor activities:
Actividades bajo techo.
Outdoor activities:
Actividades al aire libre.

Go to theme parks: Ir a parques
temáticos.
Surf the Internet:
Navegar por Internet.

Visit friends: Visitar amigos.
Visit relatives: Visitar familiares.

Hobbies

Board games:
Juegos de mesa.
Brain-Teasers, Riddles:
Adivinanzas.
Billiards: Billar.

Card Games:
Juegos de Cartas.
Candlemaking:
Hacer velas.

Checkers:
Juego de damas.
Chess: Ajedrez.

Collect coins:
Coleccionar monedas.
Collect stamps:
Coleccionar sellos
postales.

Engraving: Grabado
(En piedra o metal).
Embroidery: Bordado.

Photography:
Fotografía.
Pool: Billar Americano.
Pottery: Cerámica.

Cooking: Cocinar.
Crossword Puzzle:
Crucigrama.

Hiking: Excursionismo.
Jigsaw puzzle:
Rompecabezas.
Gardening: Jardinería.

Singing: Canto.
Read books: Leer libros.
Sewing: Coser

Dice: Dados.
Dancing: Baile.
Darts: Dardos.
Domino: Dominó.

Knitting: Tejer.
Painting: Pintura.

Table tennis:
Tenis de mesa.
**Video games/play
station:** Juegos
electrónicos.

Let's practice
Practiquemos

Las respuestas (Key) están al pie de la página.

A. Completar las oraciones con las frases correctas en la forma verbal que corresponda:

'd rather
thank God
time flies
prefer
last but not least
time will tell
change my mind
good at
take advantage
at last
make my day

1) I love romantic stories, biographies and _____, thrillers.

2) _____I found my glasses.

3) _____! I thought you were not going to come!

4) I didn't like the plan at first, but now I've _____.

5) 3 o'clock already! _____! I've got to get going!

6) You have to _____of this opportunity.

7) His daughter is very _____skating.

8) I'd_____to go to a Thai restaurant.

9) Taking a walk early in the morning _____.

10) I don't know if he'll come back _____.

11) I _____to study at night.

B. Reemplaza la explicación en **negrita** por la frase verbal que corresponda:

1) I'd **like to eat** a chocolate cake.
_____.

2) He didn't **make a copy** of the files so he lost all the information.
_____.

3) I've **started** swimming and I feel much better. _____.

4) I thought he was going to accept the plan, but he **didn't keep his promise**
_____.

C. Completa la tabla con diez actividades y hobbies al aire libre (**outdoors**) y diez en espacios cerrados (**indoors**):

Outdoor Activities	Indoor Activities

UNIT 14

The day after

El día después

Alyson, Esteban y Tom hablan sobre el fin de semana.

Esteban: Well, it's Monday **once again**!

Alyson: After all too short a weekend.

E: It was fun, though.

A: Hi, Tom! How are you?

Tom: **Just between you and me**, I'm not feeling that great today.

E: You look tired.

T: Well...I couldn't relax, as I intended, actually. But I won't **take it out on** you, don't worry!

A: Did you go cycling? You said you wanted to get more exercise.

T: Not exactly. I didn't feel like going cycling. Saturday night **put me in a bad mood**.

A: How about the Thai restaurant? Was it good?

T: Not really. I don't like Asian food very much. And besides, they **took me to the cleaners!**

A: Really? I see.

T: And **the last straw** was that Barbara decided to go dancing downtown. I hate those crammed discos!

A: I know the feeling. I **pass on** going to these places, if I can. And you, Esteban, how was your weekend?

E: My sister dropped in last night.

A: She did? You must have been very happy.

E: I really was. We had dinner in and stayed up until midnight.

T: So, you didn't watch the basketball match on TV.

E: No, I didn't. We watched a horror movie.

T: Was it scary?

E: Well, **off the record**, I was **scared stiff**!

T: Alyson, you didn't say anything about *your* weekend.

A: Yesterday Charlie and I went to the park. And he rode his new bicycle.

E: **Can** Charlie ride a bike well?

A: He's learning, actually. He **fell down** a couple of times, but we had a great time.

T: Well, I'm happy for both you guys. In my case, I wasted my money and I was bored to death!

E: Fun doesn't have to cost money. Most of «fun» is in the attitude.

T: In my case, that's **easier said than done**!

Life in the US

Para transportarte por los Estados Unidos, además de los aviones, tienes los autobuses y los trenes. La compañia más grande de buses es GREYHOUND, y la de trenes, AMTRAK. Cuando llega un feriado largo es bueno que reserves con anticipación, pues te puedes quedar sin lugar si esperas al último momento. Los americanos viajan mucho por el país para los feriados y todos los medios de comunicación se llenan al completo. La fecha en la que más se viaja por el país es Thanksgiving o Accion de Gracias. El americano tiene mucha movilidad y suele vivir en muchos lugares del país a lo largo de su vida, por lo que cuando hay reunión familiar implica que toca viajar para poder estar juntos.

Esteban: Bueno, **¡una vez más es lunes!**

Alyson: ¡Después de un fin de semana demasiado corto!

E: Pero fue divertido.

A: ¡Hola, Tom! ¿Cómo te va?

Tom: **Entre nosotros**, no me siento tan fantástico hoy.

E: Pareces cansado.

T: Bueno... no pude descansar como quería, en realidad. Pero no me voy a **desquitar** con ustedes, ¡no se preocupen!

A: ¿Fuiste a andar en bicicleta? Dijiste que querías hacer más ejercicio.

T: No exactamente. No estaba de ánimo para ir a andar en bicicleta. El sábado a la noche **me puse de mal humor.**

A: ¿Y qué tal el restaurante tailandés? ¿Era bueno?

T: En realidad, no. A mí no me gusta mucho la comida asiática. Y además, **¡me dejaron sin un centavo!**

A: ¿En serio? Ya veo.

T: Y **la gota que rebasó el vaso** fue que Bárbara decidió ir a bailar al centro. ¡Odio esas discotecas atestadas de gente!

A: Entiendo como te sientes. Yo **evito** ir a esos lugares, si puedo. Y tú Esteban, cómo pasaste el fin de semana?

E: Mi hermana nos visitó de sorpresa el sábado a la noche.

A: ¿No me digas? Debes de haber estado muy contento.

E: Sí, la verdad que sí. Cenamos en casa y nos quedamos hasta la medianoche.

T: Entonces no miraste el partido de básquetbol por televisión.

E: No, no lo miré. Miramos una película de terror.

T: ¿Te dio miedo?

E: Bueno, en confianza, estaba **paralizado por el miedo!**

T: Alyson, no dijiste nada sobre *tu* fin de semana.

A: Ayer Charlie y yo fuimos al parque, y él anduvo en su nueva bicicleta.

E: **¿Puede** Charlie andar bien en bicicleta?

A: Está aprendiendo, en realidad. Se **cayó** un par de veces, pero lo pasamos muy bien.

T: Bueno, estoy muy contento por ustedes dos, amigos. En mi caso, malgasté mi dinero y me morí de aburrimiento.

E: La diversión no tiene por qué costar dinero. Por lo general la «diversión» está en la actitud.

T: En mi caso, **eso se dice más fácil de lo que se hace.**

Let's speak English
Hablemos en inglés

¡Escucha los audios en la web!

 1 Cuando quieres que **se mantenga en secreto** lo que vas a decir, puedes usar estas frases:

Between you and me: Entre nosotros.
Between you and me, I don't like my job very much.
Entre nosotros, no me gusta mucho mi trabajo.

Off the record: En confianza.
There are many changes in the company and, **off the record**, they're going to hire a new manager.
Hay muchos cambios en la empresa y, **en confianza**, van a contratar a un nuevo gerente.

3 Fíjate en estas expresiones con la palabra **mood:**

Put somebody in a good/bad mood:
Poner a alguien de buen/mal humor.

Seeing her **put me in a good mood**.
Verla **me puso de buen humor**.

Be in a good/bad mood:
Estar de buen/mal humor.

He's always **in a bad mood** in the morning.
Él siempre está **de mal humor** a la mañana.

4 Cuando describes **algo que colmó tu paciencia**, puedes decir:

The last/final straw:
La gota que rebasó el vaso.

I worked harder than ever this week, and **the last straw** was when he said I had to work overtime.
Trabajé más que nunca esta semana, pero **la gota que rebasó el vaso** fue que dijo que tenía que trabajar horas extra.

2 Estudiemos estas **expresiones de tiempo:**

Once again:
Otra vez.

The computer broke down **once again**.
La computadora se rompió **otra vez**.

Once more:
Una vez más.

I want to see her **once more** before she leaves.
Quiero verla **una vez más** antes de que se vaya.

Once and for all:
De una vez por todas.

This will solve our problem **once and for all**.
Esto resolverá nuestro problema **de una vez por todas**.

At once:
Inmediatamente.

You have to finish this **at once**.
Tienes que terminar esto **inmediatamente**.

5 Para hablar de **ability** (habilidad), usas el auxiliar **can:**
(Consulta los Apuntes de Gramática)

Can you speak Spanish? Yes, I **can**. And a little English too.

¿**Puedes** hablar español? Sí, **puedo**. Y un poco de inglés también.

6 Para **expresar miedo**, puedes usar estas frases:

I was scared stiff/to death.
Estaba paralizado por el miedo/muerto de miedo.

The story was hair-raising.
La historia fue espeluznante.

Talking about that house makes my hair stand on end.
Hablar sobre esa casa me pone los pelos de punta.

7 Cuando algo **es más fácil decirlo que hacerlo**, puedes usar esta expresión:

Convincing Barbara is easier said than done!
¡Convencerla a Barbara se dice más fácil de lo que se hace!

Learning Tips

Cuando estés es una reunión que se hable en inglés, puedes sentir a veces lo que se llama el «pánico al idioma». La sensación es que crees que no entiendes nada de lo que se habla y que no te van a entender cuando hables.

En esos momentos, tu mente se desconcentra y te sientes perdido. Lo que tienes que hacer es volver al control de la situación mediante el autoconvencimiento de que tú puedes entender y tú puedes hablar en inglés y lograr que te entiendan.

Verás como, pasados unos instantes, sientes que vuelves a entenderlo todo y a participar de la conversación.

¡Escucha los audios en la web!

Verbs and multi-word verbs *Verbos y verbos compuestos*

(Consulta los Apuntes de gramática)

-Estos verbos tienen, básicamente, los siguientes significados:

Pass (passed/passed):

-Pasar (transcurrir): Time **passes** very quickly. / El tiempo **pasa** muy rápido.

-Pasar (atravesar): The train **passes** near my house. / El tren **pasa** cerca de mi casa.

-Pasar (dar): **Pass** me the salt, please. / **Pásame** la sal, por favor.

Fall (fell/fallen):

-Caerse: He **fell down** the stairs. / Se **cayó** de la escalera.

-Bajar, disminuir: Prices **fell** during the winter. / Los precios **cayeron** durante el invierno.

Estudiemos algunos **verbos compuestos** muy comunes con **pass** y **fall**:

Pass

Pass on: No hacer algo.
I think I'll **pass on** lunch.
Creo que **no voy** a almorzar.

Pass away: morir:
Her grandfather **passed away** two years ago.
Su abuelo **murió** hace dos años.

Pass out: desmayarse:
When they told her the bad news, she **passed out.**
Cuando le dijeron las malas noticias, se **desmayó.**

Fall

Fall for: enamorarse
He **fell for** her the first time they met.
Él **se enamoró** de ella la primera vez que la vio.

Fall out: caerse de un lugar:
The pages **fell out** of his book.
Las páginas se **cayeron** de su libro.

Aprendamos otra frase con **take** (ver Unit 7):

Take

Take out on: descargar el mal humor en otra persona que no es culpable, desquitarse.
I know you're angry but don't **take it out on** me!
Sé que estás enojado, ¡pero no te **desquites** conmigo!

Expanding your vocabulary
Aumenta tu vocabulario

Moods and feelings
/ Estados de ánimo y sentimientos

Angry: Enojado.
Annoyed: Molesto.
Amazed: Sorprendido.

Ashamed: Avergonzado.
Anxious: Ansioso.
Bad-Tempered: De mal carácter.

Bewildered: Perplejo.
Confident: Con confianza en sí mismo.

Envious: Envidioso.
Excited: Entusiasmado.
Disappointed: Desilusionado.

Gloomy: Desalentado.
Furious: Furioso.
Glad: Contento.

Confused: Confundido.
Depressed: Deprimido.
Doubtful: Dubitativo.

Fascinated: Fascinado.
Feel Down: Estar deprimido.

Guilty: Culpable.
Happy: Feliz.
Be mad: Enojarse mucho.

Embarrased: Incómodo.
Enthusiastic: Entusiasmado.
Energetic: Energético.

Friendly: Amigable.
Frightened: Asustado.
Frustrated: Frustrado.

In a good mood: De buen humor.
In a bad mood: De mal humor.

Irritated: Irritado.
Jealous: Celoso.
Let down: Desilusionado.

Skeptical: Escéptico.
Surprised: Sorprendido.
Terrified: Aterrorizado.

Relaxed: Relajado.
Relieved: Aliviado.

Lose your temper: Perder el control.
Mood swings: Cambios de humor.
Optimistic: Optimista.

Touchy: Susceptible.
Unhappy: Infeliz.

Sad: Triste
Reluctant: Reticente.
Resentful: Resentido.

Nervous: Nervioso.
Puzzled: Perplejo.
Pessimistic: Pesimista.

Upset: Enfadado, disgustado.
Worried: Preocupado.

Satisfied: Satisfecho.
Shocked: Conmocionado.

Let's practice
Practiquemos

Las respuestas (Key) están al pie de la página.

A. Completa los espacios en blanco con las expresiones correctas. Una de las expresiones no va con ningún ejemplo.

a good mood
once and for all
the last straw
once again
between you and me
scared stiff
easier said than done
once more

1) _____ I think she's in love with him.

2) My boss is_____today. He invited us for lunch.

3) My scanner broke down _____. This is the third time I have to call the technician.

4) I have to solve this problem _____.

5) I was _____when I heard the news about the hurricane.

6) Trying to make my son understand that he has to study instead of surfing the Internet is _____.

7) I was already mad, but _____was when she forgot my birthday.

B. Elige la frase verbal adecuada:

1) I _____seafood.

a-pass out   b-pass on   c-pass away

2) If you're upset, don't _____it _____on your assistant.

a-pass out   b-take out   c-fall out

3) We _____this city when we came for honeymoon.

a-fell out   b-fell for   c-fell down

4) I think Chris _____because the place was very hot.

a-fell out   b-passed on   c-passed out

C. Escribe 10 estados de ánimo que sean positivos y 10 negativos:

Positive moods	Negative moods

Key: A. 1-Between you and me, 2-in a good mood, 3-once again, 4-once and for all, 5-scared stiff, 6-easier said than done, 7- the last straw / **B.** 1-b, 2-b, 3-b, 4-c

¡Escucha los audios en la web!

UNIT 15

Reader´s corner

El rincón de los lectores

Alyson, Tom y Esteban hablan sobre las diferentes opciones para obtener libros.

Alyson: Tom, I was reading a book yesterday, and the main character **reminded** me a lot **of** you.

Tom: Why? What was the book about?

A: It was about an American man bored **to death** in Japan. Does it **strike a chord**?

T: Ha, ha! I didn't know you **were keen on** reading novels.

A: Oh, yes...I'm really **into** reading. I always **look forward to** the next book! I go to the library twice a week with my son. I borrow some beautiful children's books for him, and he doesn't fall asleep until I read him a story.

Esteban: I've just joined the Whitman Reading Circle.

T: What's a reading circle exactly?

E: It's like a club, but just for readers. If you become a member, you can get five bestsellers **for peanuts**, for just one buck.

A: Sounds interesting. I read more than five books a year, though. Can you get some more?

E: Yes, of course. The circle publishes around seventeen catalogs each year and sends them to their members **free of charge**. There you can find interesting reviews and a wide selection of different books.

A: Do you have to place an order to get the books?

E: There's a main selection of books on the cover of the catalog which they deliver to your home automatically, unless you tell them not to. Then, you have ten days to give the books back or keep them. If you keep them, you get them with a big discount. You can **also** pick out any other book you want.

T: Very interesting. But then, members have some obligations, don't they? **What's the catch?**

E: All you have to do is buy four books in two years from them. **It's a piece of cake**. You can do it online.

A: I still prefer public libraries. They're everywhere and they're **for free**. Every single district has one.

▶

E: Well, you see, **one way or another**, there are no excuses for not reading.

T: I guess I'm not much of a reader. If I want to read something, I just go to the nearest bookstore and pick out a bestseller.

A: But books are pretty expensive these days.

E: Yes, but you can always pay by credit card.

T: Thank God Barbara doesn't like reading at all!

Life in the US

Las Bibliotecas Publicas de Estados Unidos son un fabuloso servicio que te ofrece la comunidad, y es totalmente gratuito. Una vez registrado, puedes tomar prestados libros, ir cuantas veces lo desees a leer y estudiar, y usar las computadoras que están al servicio del público sin costo alguno.
Además, te ofrecerán un entorno tranquilo y acogedor donde poder leer y estudiar tranquilo y cómodo. ¡No desaproveches esta oportunidad!

Alyson: Tom, ayer estaba leyendo un libro y el personaje principal me **hizo acordar** mucho **a** ti.

Tom: ¿Por qué? ¿Sobre qué era el libro?

A: Era sobre un americano **muerto de aburrimiento** en Japón. ¿Te **resulta familiar**?

T: ¡Ja, ja! No sabía que te **interesaba** leer novelas.

A: Sí,... realmente me **encanta** leer. ¡Siempre **espero ansiosamente** el próximo libro! Voy a la biblioteca dos veces por semana con mi hijo. Pido algunos hermosos libros infantiles para él, y no se queda dormido hasta que le leo un cuento.

Esteban: Yo acabo de hacerme socio del Círculo de Lectores Whitman.

T: ¿Qué es exactamente un círculo de lectores?

E: Es como un club, pero sólo para lectores. Si te haces socio, puedes comprar cinco bestsellers **por muy poco dinero**, sólo por un dólar.

A: Parece interesante. Pero yo leo más de cinco libros por año. ¿Puedes comprar más?

E: Sí, por supuesto. El círculo publica alrededor de diecisiete catálogos por año y se los envía a los socios **sin cargo**. Allí puedes encontrar reseñas interesantes y una amplia selección de diferentes libros.

A: ¿Tienes que hacer un pedido para comprar los libros?

E: Hay una selección principal de libros en la tapa del catálogo que ellos envían a tu casa automáticamente, a menos que les pidas que no lo hagan. Luego, tienes diez días para devolver los libros o quedártelos. Si te los quedas, te hacen un muy buen descuento. También puedes elegir cualquier otro libro que quieras.

T: Muy interesante. Pero los socios también deben de tener algunas obligaciones, ¿verdad? **¿Dónde está la trampa?**

E: Todo lo que tienes que hacer es comprarles cuatro libros en dos años. ¡**Es muy fácil!** ¡Puedes hacerlo por Internet!

A: Yo sigo prefiriendo las bibliotecas públicas. Están por todas partes y **son gratis**. Todos los distritos tienen una.

E: Bueno, como ven, **de una manera u otra**, no hay excusas para no leer.

T: Yo no leo mucho. Si quiero leer algo, voy a la librería más cercana y me compro un bestseller.

A: Pero los libros son bastante caros hoy en día.

E: Sí, pero los puedes pagar con tarjeta de crédito.

T: ¡Gracias a Dios a Barbara no le gusta para nada leer!

Let's speak English
Hablemos en inglés

¡Escucha los audios en la web!

1 Cuando **algo que oyes o ves te parece familiar**, puedes usar esta expresión:

Her name **strikes a chord with** me.
Su nombre **me resulta conocido**.

The beach in the picture **strikes a chord with** me.
La playa de la foto **me trae recuerdos**.

También puedes usar la expresión **strike a chord with** cuando **algo te emociona o te interesa porque lo relacionas con algo vivido**.

The music in the movie **struck a chord with me** and I started crying.
La música de la película **me conmovió** y comencé a llorar.

His novel **struck a chord with** women.
Su novela **dio en la tecla con** las mujeres.

Otra expresión que se usa también especialmente para **algo que escuchaste y te parece haberlo escuchado antes**, es **ring a bell**:

Andy Carson? **It rings a bell.**
¿Andy Carson? **Me resulta conocido.**

2 Estudiemos estas expresiones con la frase **to death:**

He was scared **to death.**
Estaba **muerto de** miedo.

She was bored **to death.**
Estaba **muerta de** aburrimiento.

The children were frightened **to death.**
Los niños tenían **mucho** miedo.

Their mother was worried **to death.**
Su madre estaba **muy preocupada.**

4 Para decir que **algo es muy fácil**, puedes usar la expresión **a piece of cake:**

Answering the interview questions was **a piece of cake.**

Contestar las preguntas de la entrevista fue **muy fácil.**

6 Esta frase quiere decir **muy poco dinero, una bicoca:**

They wanted us to do the job **for peanuts.**

Querían que hiciéramos el trabajo **por muy poco dinero / por una bicoca.**

3 Fíjate en estas expresiones con la palabra **free:**

Free of charge / For free:
Gratis, sin tener que pagar.

You can receive the newspaper in your e-mail box **for free/free of charge.**
Puedes recibir el diario en tu casilla de correo **gratis.**

5 Estudiemos estas expresiones con la palabra **way:**

One way or another
De una manera u otra.

You can get books for free, **one way or another.**
Puedes conseguir libros gratis, **de una manera u otra.**

No way
Imposible, no hay forma / manera de

There's **no way** we can convince him.
No hay manera de convencerlo.

-para **decir que no, en forma enfática**:

Can I talk to you?
¿Puedo hablar contigo?
No way!
¡De ninguna manera!

7 Esta expresión puedes usarla cuando quieres decir que **algo te interesa mucho:**

am/is/are **keen on**

She's very **keen on** languages.
A ella **le interesan mucho** los idiomas.

Tom is very **keen on** cycling.
A Tom **le gusta mucho** andar en bicicleta.

8 Cuando algo que te ofrecen te parece que **tiene algún problema oculto o una desventaja,** puedes usar esta frase:

I don't think anybody gives things for free. **What's the catch?**

No creo que nadie regale cosas.
¿Cuál es la trampa?

¡Escucha los audios en la web!

Verbs and multi-word verbs *Verbos y verbos compuestos*

(Consulta los Apuntes de gramática)

-Estos verbos tienen, básicamente, los siguientes significados:

Remind (reminded/reminded):

- Hacer acordar.

Remind me **to** call her in the afternoon.
Hazme acordar que la llame a la tarde.

He **reminded** me **that** I have an appointment with the doctor.
Me **hizo acordar** que tengo una cita con el médico.

His voice **reminded** me **of** his father.
Su voz me **hizo acordar** a su padre.

Remember (remembered/remembered):

- Acordarse, recordar.

They couldn't **remember** her last name.
No pudieron **recordar** su apellido.

I **remember that** he arrived late.
Me **acuerdo que** llegó tarde.

Do you **remember** when we first met?
¿Recuerdas cuando nos conocimos?

Aprendamos otras expresiones con **be** (ver Unit 5/12) y **look** (ver Unit 4/12):

Be

Be into:
-hacer algo regularmente o disfrutar algo:

She**'s** really **into** swimming.
Ella **disfruta** nadar.

He**'s into** watching movies.
Él **mira** películas **regularmente**.

Look

Look forward to:
-tener muchas ganas de hacer algo, esperar ansiosamente:

I'm **looking forward** to meeting him.
Tengo muchas ganas de conocerlo.

She's **looking forward to** traveling to the Caribbean.
Ella **tienen muchas ganas** de viajar al Caribe.

Learning Tips

Una manera muy rápida de aprender inglés es tomar un diccionario y anotarte en tu libreta todas aquellas palabras que se dicen igual o casi igual en español que inglés. Por ej., humor, construction, transportation, urgent, etc. ¡Tu vocabulario se va a multiplicar casi sin esfuerzo!

Expanding your vocabulary
Aumenta tu vocabulario

Reading books
/ *Leer libros*

Subjects / Temas

Arts: Arte.
Photography: Fotografía.
Architecture: Arquitectura.

Music: Música.
Education: Educación.
Travel: Viajes.

Crafts and hobbies: Artesanías y hobbies.
Games: Juegos.
Humor: Humor.

Philosophy: Filosofía.
Politics: Política.
Entertainment:
Entretenimiento.

History: Historia.
Home and Garden:
Vivienda y jardinería.
Mystery and Crime:
Crimen y misterio.

Sex and relationships:
Sexo y relaciones.
Sports and adventure:
Deportes y aventura.

Biography: Biografías.
Children and Young Adults: Niños y jóvenes.

Horror: Terror.
Thriller: Suspenso.
Religion and Spirituality: Religión y espiritualidad.

Self-improvement:
Autoayuda.
Transportation:
Transporte.
Business: Negocios.

Cooking: Cocina.
Food and Wine: Comida y vinos.
Health, Mind and Body:
Salud, mente y cuerpo.

Science: Ciencia.
Nature: Naturaleza.
Writing and language: Escritura e idiomas.

Medicine: Medicina.
Computing:
Computación.
Law: Derecho.

Professional: Profesionales.
Technical: Técnicos.
Science fiction: Ciencia ficción.

Romance: Romance.

Reference Books: Material de consulta.

Dictionaries: Diccionarios.
Encyclopedias: Enciclopedias.

Genre / Género

Prose: Prosa.
Nonfiction: No ficción.
Novel: Novela.
Short story: Cuento.

Tale: Cuento.

Fiction: Ficción.

Poetry: Poesía.
Poem: Poema.
Drama: Drama.
Play: Obra de teatro.

Places to get books / Lugares para conseguir libros

Secondhand books: Libros usados.
Used bookstore: Librería de libros usados.

Bookstore: Librería.
Library: Biblioteca.
Readers Circles: Círculo de lectores.

Online book-selling company: Empresa de venta de libros por Internet.
Bookstore chain: Cadena de librerías.

Let's practice
Practiquemos

Las respuestas (Key) están al pie de la página.

A. Completa los espacios en blanco con la expresión que corresponda en la forma adecuada:

- remind
- what's the catch
- to death
- look forward to
- it's a piece of cake
- strike a chord
- for peanuts
- no way
- for free
- ring a bell
- keen on
- free of charge
- one way or another
- is into

1) He wanted the painter to do the job_____.

2) I was bored _____ during the entire ceremony.

3) Eddie isn't very _____playing sports.

4) I _____to reading the new Harry Potter book.

5) If you buy two T-shirts, you get on more _____.

6) Where´s she from? Her name_____.

7) Could you _____me to take the tickets for the show?

8) The tourist agent said we can stay 15 days for the price of ten. _____?

9) Listening to this song _____with me. It reminds me of my childhood.

10) Don´t be afraid of the job interview. _____!

11) My father _____golf.

12) I´m going to convince her _____.

13) There´s _____ we can accept your offer.

14) I never _____ his name.

B. Completa las oraciones con las palabras correctas:

1) Books about people's lives are called ———————————.

2) Stories about the future are called ———————————.

3) If you want to borrow a book, you go to a ———————————.

4) If you need to look up information, you'll get a/an ———————————.

5) A book that has sold many copies is called a ———————————.

6) If you don't want to spend a lot of money on a book, you can go to a_____.

7) If you read a lot, you can become a member of a ———————————.

8) «Romeo and Juliet» is a ———————————.

Key: A. 1- for peanuts, 2- to death, 3- keen on, 4- look forward to, 5-for free, 6-rings a bell, 7-remind, 8-What's the catch?, 9-strikes a chord, 10-It's a piece of cake!, 11- is into, 12-one way or another, 13-no way, 14-remember / B. 1-biographies, 2-science-fiction, 3-library, 4-dictionary/encyclopedia, 5-bestseller, 6-secondhand store, 7-readers circle, 8-play

¡Escucha los audios en la web!

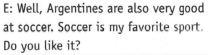

Tom y Esteban hablan sobre deportes.

UNIT 16

Sport fans

Fanáticos por el deporte

Tom: Did you watch the NBA finals?

Esteban: Oh, yes. It was an amazing game last weekend. During those playoffs I became a Spurs fan.

T: I'm a Pistons fan, but this time, they **came in** second. The game **slipped through their fingers**. The Spurs battled on until the game was over, and they had the home court advantage...

E: Come on! They may **have** had **an edge**, but they gave an incredible performance. They **bent over backwards.** That guy, the Argentine player, just goes hard to the basket again and again; he's a key player.

T: Yes, and his teammates are great too. They **went to great lengths** to get the trophy. They **came through** with a great victory.

E: Well, Argentines are also very good at soccer. Soccer is my favorite sport. Do you like it?

T: Not so much, but after the 1994 World Cup I started **warming up to** it a bit more. My brother is a great player.

E: Which position does he play?

T: He's a forward. He was **called up** by a very important professional team. What about your son?

E: He's the goalkeeper of an amateur team. I think he will be a very good player. He's **building up** his confidence.

T: Do you like baseball?

E: I really can't seem to make it out completely.

T: I used to be a good pitcher back in high school, but that was a long time ago.

E: Have you ever gone to a World Series match?

T: No, but when I was a kid my father used to take me to the Texas Rangers stadium. I loved the hot dogs, the smell of the grass and the excited

fans. But now, I go **once in a blue moon.**

E: I'd like to go some day... Why don't we go together this spring?

T: That would be great. I'll get the tickets and you buy the hot dogs.

E: **That's a deal!** Should we invite Alyson and Barbara?

T: Forget about it! Barbara will start cheerleading as if she were in high school.

Life in the US

En Estados Unidos viven casi 300 millones de personas. Es tres veces la población de México y siete veces la de Colombia. También es un país muy extenso. De Este a Oeste, hay 4,500 kilómetros (distancia que tomaría 5 días recorrerla en carro) y cuatro zonas horarias. El país se divide informalmente en siete áreas geográficas:

Northeast: los estados del Norte del lado Este, Atlántico

Southeast: los estados del Sur, también del lado Atlántico

South: los estados del Sur

Midwest: los estados del centro y norte del país

Southwest: California y sus estados vecinos del Sur

Northwest: del lado Oeste (Pacífico) y al Norte

Alaska y Hawaii, o estados no continentales, ambos muy alejados de los otros 48 estados

Enorme, ¿no?

Tom: ¿Miraste las finales de la NBA?

Esteban: Sí, claro. El partido del fin de semana pasado fue sorprendente. Durante esas eliminatorias, me hice hincha de los Spurs.

T: Yo soy hincha de los Pistons, pero esta vez, **terminaron** segundos. El partido se les **fue de entre las manos.** Los Spurs dieron batalla hasta que terminó el partido, y tenían la ventaja de ser locales...

E: ¡Vamos! Pueden haber **tenido** un poco de **ventaja**, pero jugaron de una manera increíble. Se **esforzaron muchísimo.** Ese chico, el jugador argentino, va al aro continuamente; es un jugador fundamental.

T: Sí, y sus compañeros de equipo son muy buenos también. **Hicieron todo lo posible** para ganar el trofeo. **Lograron** una gran victoria.

E: Bueno, los argentinos son también muy buenos en el fútbol. El fútbol es mi deporte favorito. ¿A ti te gusta?

T: No tanto, pero después del mundial de 1994 **comencé a interesarme** un poco más. Mi hermano es un gran jugador.

E: ¿En qué posición juega?

T: Es delantero. Lo **convocaron** de un equipo profesional muy importante. ¿Y tu hijo?

E: Es arquero de un equipo amateur. Creo que va a ser un muy buen jugador. Está **ganando** confianza.

T: ¿Te gusta el béisbol?

E: Nunca termino de entenderlo.

T: Yo solía ser un buen lanzador en la escuela secundaria, pero eso fue hace mucho tiempo.

E: ¿Has ido alguna vez a un partido de la World Series?

T: No, pero cuando era chico mi padre solía llevarme al estadio de los Texas Rangers. Me encantaban los perros calientes, el olor del césped y el entusiasmo de los fans. Pero ahora, voy **muy de vez en cuando.**

E: Un día me gustaría ir... ¿Por qué no vamos juntos esta primavera?

T: Eso sería fantástico. Yo compro las entradas y tú los perros calientes.

E: **¡Trato hecho!** ¿Y si las invitamos a Alyson y a Barbara?

T: ¡Olvídalo! Barbara va a comenzar a hacer de porrista como si estuviera en la escuela secundaria.

Let's speak English
Hablemos en inglés

¡Escucha los audios en la web!

1 Para decir que **una oportunidad o alguien se escapó por falta de suerte, cuidado o esfuerzo** puedes usar esta expresión:

Slip through my fingers
Irse de entre las manos.

The chance to win the contest **slipped through her fingers.**
La oportunidad de ganar el concurso se le fue de entre las manos.

2 Estas expresiones se usan para expresar **esfuerzo:**

Go to great lengths / Bend over backwards:
Hacer un gran esfuerzo / Hacer todo lo posible.

He **went to great lengths** to get a raise.
Él se hizo **todo lo posible** para conseguir un aumento.

They bent over backwards to pay back the loan.
Ellos **hicieron un gran esfuerzo** para devolver el préstamo.

3 Para decir **que algo sucede muy pocas veces** puedes usar esta expresión:

Once in a blue moon:
Cada muerte de obispo, muy de vez en cuando.

I travel by train **once in a blue moon.**
Viajo en tren **cada muerte de obispo.**

4 Cuando **aceptas algo que te han propuesto,** puedes usar esta frase:

It's a deal! / That's a deal!
Trato hecho.

I'll prepare the pizzas and you can bring the beer. **It's a deal!**
Yo prepararé las pizzas y tu traes la cerveza. ¡**Trato hecho!**

5 Para decir que **alguien o algo tiene una ventaja sobre otra persona o sobre algo**, puedes usar la frase **have an edge:**

This new printer **has an edge over** the older model: it's faster and more economical.

Esta nueva impresora **tiene una ventaja** sobre la anterior: es más rápida y económica.

¡Escucha los audios en la web!

Verbs and multi-word verbs *Verbos y verbos compuestos*

(Consulta los Apuntes de gramática)

-Estos verbos tienen, básicamente, los siguientes significados:

Warm (warmed/warmed):

- Calentar: He turned on the heater to **warm** the house.
Él **encendió** el calefactor para calentar la casa.

Build (built/built):

- Construir They are **building** a new mall by the highway.
Están **construyendo** un nuevo centro comercial cerca de la autopista.

Estudiemos algunos **verbos compuestos** muy comunes con **build** y **warm**:

Build

Build up: aumentar, fortalecer.

She **built up** her reputation as a designer.
Ella **fortaleció** su reputación como diseñadora.

Build on: construir sobre la base de (un logro, valor, etc):

Friendship is **built on** trust.
La amistad se **construye** sobre la confianza.

Warm

Warm up:
-calentar algo
We could **warm up** the water to make some coffee.
Podríamos **calentar** el agua para hacer café.

-entrar en calor, calentar (antes de comenzar una actividad):
The coach told the players to start **warming up**.
El entrenador le dijo a los jugadores que comenzaran a **entrar en calor**.

Warm up to:
-comenzar a agradar una persona o una idea.
At first he didn't like the city, but then he **warmed up to** it.
Al principio no le gustaba la ciudad, pero luego comenzó a **agradarle**.

Learning Tips

Lee todos los anuncios que veas por todos lados, por ejemplo, en los autobuses, carretera, paradas, y en los subterráneos (subway). Trata de entenderlos y memorizar el vocabulario para poder imitar lo que dicen en las situaciones adecuadas. Suelen usar expresiones muy cotidianas en las que con muy pocas palabras dicen muchas cosas.

Aprendamos otras expresiones con **come** (ver Unit 2) y **call** (ver Unit 11):

Come

Come out: terminar en la posición mencionada o de una manera determinada.
They **came out** as the leaders of the championship.
Ellos **terminaron** como líderes del campeonato.

Come through: lograr atravesar una situación difícil con éxito
They **came through** the accident with no injuries.
Lograron salir del accidente sin heridas.

Call

Call up: convocar para formar parte del ejército o de un equipo deportivo.
He was **called up** to play for the American National Team.
Él fue **convocado** a jugar por la selección nacional americana.

Expanding your vocabulary
Aumenta tu vocabulario

Sports
/ Los deportes

Aerobics: Ejercicios aeróbicos.
Archery: Arquería.

Basketball: Básquetbol.
Bicycling: Ciclismo.

Athletics: Atletismo.
Baseball: Béisbol.

Billiards: Billar.
Bowling: Bolos.

Canoeing: Canotaje.
Boxing: Boxeo.

Football: Fútbol americano.
Golf: Golf.

Hunting: Caza.
Ice hockey: Hockey sobre hielo.

Car Racing: Automovilismo.
Diving: Buceo.

Gymnastics: Gimnasia.
Hang gliding: Aladeltismo.
Hockey: Hockey.

Jogging: Salir a correr.
Ice skating: Patinaje sobre hielo.

Fishing: Pesca.
Fencing: Esgrima.

Horse racing: Carrera de caballos.
Horseback Riding: Equitación.

Karate: Karate.
Martial arts: Artes marciales.

Motorboat racing: Carrera de lanchas.
Mountaineering: Alpinismo.

Sailing: Navegación a vela.
Skating: Patinaje.

Target shooting: Tiro al blanco.
Tennis: Tenis.

Parachuting / Sky-Diving: Paracaidismo.
Ping-Pong: Tenis de mesa.

Soccer: Fútbol.
Skiing: Esquí sobre nieve.

Water Skiing: Esquí acuático.
Weight lifting: Levantar pesas.

Polo: Polo.
Rowing: Remo.
Rugby: Rugby

Swimming: Natación.
Surfing: Surf.
Volleyball: Vóleibol.

Wrestling: Lucha libre.
Windsurfing: Windsurf.

Let's practice *Practiquemos*

Las respuestas **(Key)** están
al pie de la página.

A. Completa la siguiente conversación con las expresiones adecuadas:

Jack: I'm really let down. The match_____(1).

George: Yeah, they really _____(2) to win it. They never gave up!

J: We could say the other team_____(3) because they were playing in their own field.

G: Yeah, but anyway, scoring the winning goal one minute before the end of the match happens_____(4)

J: You're right, and when that happens, it doesn't matter that they _____(5) for the other 89 minutes. There's nothing you can do. It's a question of luck! That's what bothers me!

C. Adivina el nombre del deporte de acuerdo con las pistas:

1) To practice this sport you need a rod, a hook and a bait: _____

2) To practice this sport you need a board with a sail: _____

3) To practice this sport you need a racquet and a ball: _____

4) To practice this sport you need an oval ball: _____

5) To practice this sport you need a small ball and a club: _____

6) To practice this sport you need skates and a stick: _____

7) To practice this sport you need a boat and oars: _____

8) To practice this sport you need a horse: _____

B. Coloca cada frase verbal en el espacio adecuado y en el tiempo verbal correcto.

build up

come through

warm up

come out

build on

warm up to

1) I think human relationships are _____ respect and trust.

2) She´s _____her hands by the fire.

3) Your speech_____ really well.

4) I didn't like my new co-worker at first, but now I'm _____ her.

5) She _____ the experience but it was difficult.

6) The traffic_____ _____in the area as a result of the fire.

¡Escucha los audios en la web!

UNIT 17

The lunch break

La hora del almuerzo

Alyson, Esteban, Tom y Barbara se encuentran a la hora del almuerzo.

Esteban: Alison, we'll be waiting for you at the cafeteria.

Alyson: OK, I'm coming.

E: I wish I could **call it a day**, but in fifteen minutes, I have to **get down to** work.

T: Me too. I worked hard the whole morning, and I worked overtime the last three days. I think I'm **biting off more than I can chew.**

A: Here I am! I'm starving!

T: I need to **slow down**. Besides, I'm becoming a «desk diner.»

A: What?

T: I eat a sandwich in front of my computer five times a week! I don't even take my lunchtime to unwind.

E: A real break is very important to **recharge your batteries.**

A: Hey, **you eat like a bird**!

T: Not really, I eat quite a bit and I'm **putting on** weight.

A: I'm going to put my chicken in the microwave oven. Esteban, do you have anything **to heat up?**

E: Yes, thank you. I've got some homemade spaghetti. Al dente, the way I like it!

T: Do you always bring lunch from home?

A: Yes, when I get home from work I do all the cooking.

T: Are you a good cook?

A: I manage quite well. I enjoy cooking, really. For me, it's a way of unwinding.

E: I'm not good at cooking but my wife prepares my lunchbox every day.

T: My lunch is usually a poor peanut butter and jelly sandwich, and orange juice to **wash it down.**

Barbara: Hi, guys!

T: Hi, Barbie. What are you having for lunch today?

B: I'm having sushi.

A: I've never tried sushi. Is it good?

B: Never? How come! It's delicious! You can order it from the Japanese restaurant a few blocks from here. It's a bit expensive, but it's well worth the price.

E: Well, I could spend the whole afternoon here, but I have a lot of work to **catch up on**! Have a good lunch, guys!

Esteban: Alyson, te esperamos en la cafetería.

Alyson: Bueno, ya voy.

E: Ojalá pudiera **dar por terminado el día**, pero en diez minutos tengo que **ponerme a trabajar**.

T: Yo también. Trabajé mucho toda la mañana y estuve trabajando horas extras los últimos tres días. Creo que estoy **haciendo más de los que puedo**.

A: ¡Aquí estoy! ¡Me estoy muriendo de hambre!

T: Necesito **parar** un poco. Además, me estoy volviendo un «comensal de escritorio».

A: ¿Qué?

T: Como un sandwich delante de mi computadora cinco días a la semana. Ni siquiera me tomo la hora del almuerzo para **relajarme**.

E: Un descanso real es muy importante para **recargar las baterías**.

A: ¡Tú comes como un pajarito!

T: No tanto, como bastante y estoy **aumentando** de peso.

A: Voy a poner mi pollo en el horno de microondas. Esteban, ¿tienes algo para **calentar**?

E: Sí, gracias. Tengo unos espagueti caseros. ¡Al dente, como me gustan!

T: ¿Siempre te traes el almuerzo de tu casa?

A: Sí, cuando vuelvo a casa del trabajo preparo toda la comida.

T: ¿Eres buena cocinera?

A: Me las arreglo bastante bien. Disfruto cocinar, en realidad. Para mí, es una manera de **relajarme**.

E: Yo no soy bueno para cocinar pero mi esposa prepara mi lanchera todos los días.

T: Mi almuerzo es, por lo general, un sandwich de manteca de maní y mermelada, y jugo de naranja para **bajarlo**.

Barbara: ¡Hola, amigos!

T: Hola, Barbie. ¿Qué vas a almorzar hoy?

B: Voy a comer sushi.

A: Nunca he comido sushi. ¿Es rico?

B: ¿Nunca? ¡Cómo es posible! ¡Es delicioso! Puedes pedirlo en el restaurante japonés que está a unas pocas cuadras de aquí. Es un poco caro, pero vale la pena pagar el precio.

E: Bueno, podría quedarme aquí toda la tarde, pero tengo que **ponerme al día** con mucho trabajo. ¡Que tengan un buen almuerzo, amigos!

Let's speak English
Hablemos en inglés

¡Escucha los audios en la web!

1 Esta frase la usas para decir que quieres **terminar de trabajar**:

I'm beat! I think I'll call it a day.

¡Estoy muerto de cansancio!
¡Terminaré por hoy!

2 Cuando crees que estás **haciendo algo que es demasiado difícil para ti**, puedes decir:

I think I'm biting off more than I can chew in my new job.

Creo que estoy **haciendo más de lo que puedo** en mi nuevo trabajo.

3 Cuando **necesitas un descanso para recuperar energía**, puedes decir:

I needed a short vacation to recharge my batteries.

Necesitaba unas vacaciones cortas para **recargar las baterías**.

4 Cuando alguien **come muy poco** puedes usar esta frase:

She **eats** like a bird.

Ella **come** como un pajarito.

Life in the US

Buena parte de los presupuestos familiares se va en las compras en el supermercado. Los alimentos son muy caros en Estados Unidos, por lo que hay que estar siempre atento a las ofertas que dan los supermercados y los fabricantes. Una manera en que se puede ahorrar bastante es con los cupones de descuento que se entregan de forma gratuita en el periódico local o en el correo. Si quieres ahorrar y comprar a mejores precios en el supermercado, no olvides planificar tus compras antes de ir y recortar los cupones de descuento de lo que vayas a comprar. Cupón a cupón son centavos, pero al final de mes suma mucho dinero.

¡Escucha los audios en la web!

Verbs and multi-word verbs *Verbos y verbos compuestos*

(Consulta los Apuntes de gramática)

-Estos verbos tienen, básicamente, los siguientes significados:

Slow (slowed/slowed):

-Disminuir la marcha o el desarrollo:

The car **slowed** at the intersection.
El auto **bajó la marcha** en la intersección.

Heat (heated/heated):

-Calentar un lugar para que resulte agradable:

We'd better **heat** this house or we'll freeze to death!
¡Será mejor que **calentemos** esta casa o nos vamos a congelar!

Wash (washed/washed)

-Lavar:

I have to **wash** my white shirt.
Tengo que **lavar** mi camisa blanca.

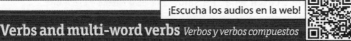

I'd like to **wash** my hands before dinner.
Me gustaría **lavarme** las manos antes de la cena.

Catch (caught/caught):

-Agarrar, atrapar (especialmente algo en movimiento):

> The player **caught** the ball and scored a point.
> El jugador **atrapó** la pelota y marcó un punto.

-Atrapar a alguien (que se está escapando):

> The police **caught** the thief who had run away from jail.
> La policía **atrapó** al ladrón que se había escapado de la prisión.

-Entender lo que alguien dice:

> I couldn't **catch** what he said. / No pude **entender** lo que dijo.

-Contraer una enfermedad:

> I **caught** a cold. / Me **pesqué** un resfriado.

Estudiemos algunos **verbos compuestos** muy comunes con **catch, heat, slow** y **wash**:

Catch

Catch up on/Catch up with:
hacer algo que no se tuvo tiempo antes:

I have to **catch up on** my English.
Tengo que **ponerme al día** con el inglés.

She needs **to catch up on** her paperwork.
Tiene que **ponerse al día** con sus papeles.

Catch on: tener éxito, hacerse popular
His novel didn't **catch on** with women.
Sus novelas no **tuvieron éxito** con las mujeres.

Heat

Heat up:
calentar un alimento o bebida:
I'll **heat up** the pot roast for dinner.
Calentaré el estofado para la cena.

Slow

Slow down:

-disminuir la marcha.
The bus **slowed down** and stopped at the bus stop.
El autobús **disminuyó la marcha** y se detuvo en la parada.

-disminuir el nivel de actividad.
The doctor told him to **slow down**.
El médico le pidió que se **tranquilizara**.

Wash

Wash down:
beber un líquido para bajar la comida
He ate fish and **washed** it
down with white wine.
Comió pescado y lo **bajó** con vino blanco.

Aprendamos otras expresiones
con **put** (ver Unit 7) y
get (ver Unit 1):

Learning Tips

Una manera de aumentar mucho tu
vocabulario de alimentos es leyendo los
anuncios de los supermercados que aparecen
en los pediodicos o que llegan a tu correo.
Siempre anuncian ofertas de productos con
fotos, y al pie de esas fotos
siempre te ponen el
nombre del alimento
o producto.
Sencillo, ¿no?

Put

Put on: aumentar, agregar
She **put on** a lot of weight when
she was pregnant.
Ella **engordó** mucho cuando estaba embarazada.

Get

Get down to:
comenzar a hacer algo seriamente
I have to **get down to** doing
more exercise.
Tengo que comenzar seriamente
a hacer más ejercicio.

Expanding your vocabulary
Aumenta tu vocabulario

Recipes
/ Recetas de cocina

Blend: Mezclar.

Boil: Hervir.

Braise: Cocinar lentamente con

líquido en una cacerola tapada.

Beat: Batir.

Add: Agregar.

Al dente: Método de cocinar la pasta

tierna pero firme.

Bake: Cocinar en el horno.

Caramelize: Caramelizar.
Chop: Picar.
Cook: Cocinar.

Fill: Rellenar.
Fold: Mezclar suavemente
con espátula de madera.
Fry: Freir.

Directions: Instrucciones.
Dissolve: Disolver.
Dough: Masa.

Garnish: Decorar.
Grate: Rallar (queso, verduras, especias).
Ingredients: Ingredientes.

Dice: Cortar en cubos.
Fat: Grasa.
Dry ingredients: Ingredientes secos.

Lumps: Grumos.
Marinade: Marinar.
Melt: Derretir.
Mince: Picar (carne).

Mix: Mezclar.
Mixture: Mezcla.
Pit: Quitar las semillas
de una fruta o verdura.
Oven: Horno.

Sear: Freir rápidamente un
trozo de carne para dorarlo.
Sift: Tamizar.
Serve: Servir.

Poach: Cocinar a baño María.
Preheat: Precalentar (el horno).
Proof: Levar (dejar que la levadura
aumente su tamaño).
Recipe: Receta.

Sprinkle: Espolvorear.
Steam: Cocinar al vapor.
Stir: Revolver, agregar revolviendo.
Stuffed: Relleno.

Roast: Cocinar carne o verduras al horno.
Simmer: Cocinar en un líquido
que no hierve.
Reduce: Reducir (dejar que
un líquido se evapore).

Stuff: Rellenar.
Thicken: Espesar.
Whip: Batir enérgicamente.
Toast: Tostar.

Let's practice *Practiquemos*

Las respuestas (Key) *están al pie de la página.*

A. Elige la frase o palabra adecuada en cada caso:

1) When I accepted the job, I thought I was going to manage, but I guess I _____

a-´ll call it a day / b-´m biting off more that I can chew / c-´ll slow down

2) Sammy has _____ weight a lot since the last time I saw him.

a-got down to / b-caught on / c-put on

3) I couldn't quite _____ what the announcer said on the loudspeakers.

a. catch / b. catch on / c-catch up on

4) This kind of music didn't _____ in Europe.

a-catch up with / b-put on / c-catch on

5) I need a two-week vacation to _____ _____.

a-eat like a bird / b-recharge my batteries / c-call it a day

6) Let´s _____. We already finished our job.

a-call it a day / b-get down to work / c-catch up with this

7) He drank a lot of wine to _____the meal.

a-slow down / b-catch on / c-wash down

8) Let´s _____work. Our deadline is at 4.

a-get down to / b-slow down / c-catch on

9) Andy _____ the flu.

a-caught on / b-put / c-caught

B. Llena correctamente los espacios en blanco de esta receta con las palabras de la lista.

cook	directions
serve	sprinkle
bake	mince
fill	mixture
add	simmer
stuffed	chop
stir	boil
	preheat

(1) _____ Sweet Peppers

(2) _____

(3) _____ oven to 300 degrees.

Place the peppers in boiling water and (4)___ _____for 3 minutes. (5)_____ the onion and (6) _____ the meat.

In a large frying pan, (7) _____ pork, beef, onion, and garlic until the meat is brown and the onions are tender. (8) _____ _____tomatoes, water, basil, oregano, rice, salt and pepper to the meat. Reduce heat and (9) _____for 15 to 20 minutes or until rice is tender. (10)_____ in 3/4 cup of the cheese.

Place the peppers in a baking dish and (11) _____them with the meat and rice (12)_____. (13) _____ for 15 to 20 minutes or until heated. (14) _____ the remaining cheese on top and (15) _____ hot.

Key: A. 1-b, 2-c, 3-a, 4-c, 5-b, 6-a, 7-c, 8-a, 9-c / B. 1-Stuffed, 2-Directions, 3-Preheat, 4-Boil, 5-Chop, 6-mince, 7-cook, 8-Add, 9-simmer, 10- Stir 11-fill, 12-mixture, 13-Bake, 14-Sprinkle, 17-Serve

| 150 ·

ipc.inglesen100dias.com

· LET'S PRACTICE |

¡Escucha los audios en la web!

UNIT 18

Becoming a citizen

Hacerse ciudadano

Esteban le cuenta a Alyson que estuvo ayudando a su sobrino con las preguntas de la entrevista para conseguir la ciudadanía.

Alyson: Hey, you look pale!

Esteban: Yes, I'm worn out. I **burnt the midnight oil** yesterday.

A: Why? What happened?

E: I **stayed up** very late helping my cousin Pablo with the questions of his naturalization test. We **checked off** the answers he knew and we **went over** the questions he didn't know until he felt confident. I think he'll end up doing well.

A: Oh, he's lucky! With a teacher like you, the test **should be a breeze**!

E: Thank you. I **hope so**. He was very nervous in the beginning, but then he **calmed down**. It took him hard work to get to this point.

A: So, why does he want to get the citizenship?

E: Mainly because he wants to go to college, and most scholarships are available only if you are a US citizen. Also, if you're a citizen they can't **take away** your right to remain here. You can help your relatives get their Green Cards and Pablo wants to sponsor his brother's application.

A: What are the requirements for naturalization now? They may have changed since my father went through the process.

E: Basically, if you have been here for a good amount of time and you don't have a police record, you can apply.

A: And then you have to take the tests?

E: Yes, that's the next step. The US Citizen and Immigration Service gives you an appointment. There you have to show that you understand the English language, and that you know the most important facts about US history.

A: So if he passes the test he becomes a naturalized citizen?

E: First, he must take the oath of allegiance.

A: What's that?

E: You swear to support the Constitution and obey the laws of the U.S

A: I'm sure he'll **keep his promise**!

Alyson: Oye, te ves pálido.

Esteban: Sí, estoy cansadísimo. Me **acosté muy tarde** ayer.

A: ¿Por qué? ¿Qué ocurrió?

E: Me **quedé despierto** hasta muy tarde ayudando a mi primo Pablo con las preguntas de su test de naturalización. **Marcamos** todas las repuestas que sabía y **estudiamos** las que no sabía hasta que se sintió seguro. Creo que le va a ir bien.

A: ¡Ah, pero tiene suerte! Con un profesor como tú, el test **va a ser muy fácil.**

E: Gracias. **Eso espero.** Él estaba muy nervioso al principio, pero luego se **calmó.** Tuvo que esforzarse mucho para llegar a este punto.

A: ¿Por qué quiere obtener la ciudadanía?

E: Principalmente porque quiere ir a la universidad, y la mayoría de las becas se otorgan sólo si eres ciudadano estadounidense. También, si eres ciudadano, no pueden **quitarte** el derecho a permanecer aquí. Además, te permite ayudar a que tus familiares obtengan la Tarjeta Verde y Pablo quiere solicitar la residencia de su hermano.

A: ¿Cuáles son los requisitos para nacionalizarse ahora? Deben de haber cambiado desde que mi padre hizo los trámites.

E: Básicamente, si has vivido aquí durante un tiempo suficiente y no tienes antecedentes penales la puedes solicitar.

A: ¿Y luego tienes que dar los exámenes?

E: Sí, ese es el siguiente paso. El Servicio de Ciudadanía e Inmigración de los Estados Unidos te da una cita. Allí tienes que demostrar que entiendes el idioma inglés y que conoces los hechos más importantes de la historia estadounidense.

A: ¿Entonces si aprueba el test se convierte en un ciudadano naturalizado?

E: Primero tiene que jurar la bandera.

A: ¿Qué es eso?

E: Debes jurar que apoyas la Constitución y que obedeces las leyes de los Estadios Unidos.

A: ¡Estoy segura que **cumplirá su promesa!**

Life in the US

Thanksgiving o Acción de Gracias es junto con el 4 de Julio y la Navidad una de las fiestas más celebradas en el país. Las familias se reúnen el cuarto jueves de Noviembre y celebran la cena de Acción de Gracias, con la que dan gracias por lo que tienen en sus vidas. Su origen data de 1621, cuando los primeros Pilgrims puritanos llegaron de Inglaterra a Massachussets huyendo de la persecución religiosa. Los indígenas que vivían en la zona les enseñaron a sobrevivir con tanto frío y cómo sembrar. Cuando fue el momento de la recolección, los Pilgrims, en agradecimiento a los aborígenes, organizaron una gran cena que se ha convertido en una celebración nacional que llega hasta nuestros días.

Let's speak English
Hablemos en inglés

¡Escucha los audios en la web!

Estudiemos estas frases con el verbo burn:

Burn the midnight oil:
Quedarse haciendo alguna actividad hasta altas horas de la noche.

This book is so exciting that **I'll be burning the midnight oil tonight.**
Este libro es tan interesante que **me quedaré despierto hasta muy tarde** esta noche.

Burn the candle at both ends:
Dormir pocas horas por estar muy ocupado

He's been **burning the candle at both ends** studying for his exam.
Ha estado **durmiendo muy poco** para preparar su examen.

ipc.inglesen100dias.com

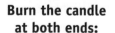

2 Esta expresión significa **mantener una promesa.**

He said he will arrive on time. I hope he **keeps his promise.**
Él dijo que llegará puntualmente. Espero que cumpla con su promesa.

-la expresión opuesta es **break a promise:**

She's not reliable at all. She always **breaks her promises.**
Ella no es para nada confiable. Siempre rompo sus promesas.

3 Esta expresión la usas cuando **esperas que algo resulte de una determinada manera:**

- So you're leaving on vacation tomorrow?

- I hope so!

- ¿Así que te vas de vacaciones mañana?

- ¡Eso espero!

4 Cuando quieres decir que **a partir de un determinado momento algo se vuelve fácil**, usas esta expresión:

You won't have any problems with the interview. **It should be a breeze!**
No tendrás ningún problema con la entrevista. Todo va a andar bien.

If you find a good job, **the rest is smooth sailing.**
Si encuentras un buen trabajo, el resto será fácil

¡Escucha los audios en la web!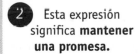

Verbs and multi-word verbs *Verbos y verbos compuestos* (Consulta los Apuntes de gramática)

-Estos verbos tienen, básicamente, los siguientes significados:_

Calm (calmed/calmed):

-Calmar: She tried **to calm** the little child. / Ella intentó **calmar** al niño.

Stay (stayed/stayed):

-Quedarse: Please **stay**! We can make some pasta for lunch.
Por favor, **quédate.** Podemos preparar pasta para el almuerzo.

-Estar alojado temporariamente en un lugar:
Our friends **are staying** with us for the weekend.
Nuestros amigos **se quedan** con nosotros durante el fin de semana.

Check (checked/checked):

-Chequear, controlar: I **check** my e-mails three times a day.
Yo **chequeo** mi correo electrónico tres veces por día.

Estudiemos algunos **verbos compuestos** muy comunes con **calm, stay** y **check**:

Calm

Calm down: calmar, serenar

Calm down! There's nothing to be afraid of!
¡Cálmate! ¡No hay nada que temer!

Check

Check off: marcar como vistos o correctos
nombres o ítems en una lista:

The teacher **checked off** the students names
before they left for the trip.
La maestra **marcó en la lista** los nombres de los
alumnos antes de que partieran de viaje.

Check in: registrarse, presentar
documentación (en un hotel o aeropuerto)

They **checked in** to the hotel at 10.
Se **registraron** en el hotel a las 10.

Check out: pagar la cuenta al irse de un hotel

After **checking out**, they took
a taxi to the airport.
Después de **pagar la cuenta**,
tomaron un taxi al aeropuerto.

Check over: examinar, revisar

I **checked over** the bank statement.
Revisé mi extracto bancario.

The doctor will **check** me
over to see if I'm OK.
El doctor me **revisará** para ver si estoy bien.

Learning Tips

Otra forma de practicar tu inglés es anotar la lista de tu compra para el supermercado en inglés. Por ejemplo, en lugar de escribir manzana escribe «apple» o en lugar de naranja, «orange».

Sin darte cuenta, empezarás a acostumbrarte no solo a referirte a los alimentos en inglés sino también a escribirlos correctamente. Para esto, compara cómo lo has anotado en tu lista y como está escrito en el supermercado, al hacer la compra. Así, ¡ni siquiera has de consultarlo en el diccionario!.

Si te has equivocado, fíjate en tu error y corrígelo para que te ayude a mejorar tu inglés.

Stay

Stay up: quedarse despierto hasta tarde

We **stayed up** to watch the recital.
Nos **quedamos despiertos hasta tarde**
para ver el recital.

Aprendamos otras expresiones con **take** (ver Unit 7, 13, 14):

Take

Take away: quitarle algo a una
persona o a una organización:

The State cannot **take away**
our right to education.
El Estado no nos puede **quitar** el
derecho a recibir educación.

Expanding your vocabulary
Aumenta tu vocabulario

Naturalization
/ La naturalización

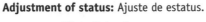
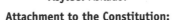

Adjustment of status: Ajuste de estatus.

Alien: Extranjero.

Asylee: Asilado.

Attachment to the Constitution:
Apoyo a la constitución.

Background check:
Verificación de antecedentes.

Border: Frontera.

Bureau of Citizenship and Immigration
Services, USCIS: Servicios de Ciudadanía e
Inmigración de EE. UU.

Certificate of Citizenship:
Certificado de ciudadanía

Citizen: Ciudadano.

Citizenship: Ciudadanía.

Civics test: Examen de cultura cívica.

Conditional resident:
Residente condicional.

Constitution: Constitución.

Continuous resident: Residente continuo.

Country of birth: País de nacimiento.

Country of Citizenship:
País de nacimiento o naturalización.

Country of former allegiance:
País de ciudadanía anterior.

Vote

Country of last residence:
País de última residencia.

Country of nationality:
País de nacionalidad.

Deny: Denegar.

Department of Justice:
Departamento de Justicia.

Deportable alien: Extranjero deportable.

Elections: Elecciones.

Eligibility requirements: Requisitos de eligibilidad.

Employer: Empleador.

Fail: Reprobar.

Foreign national: Extranjero.

Fraud: Fraude.

Hearing: Audiencia.

Immediate relative: Pariente cercano.

Immigration attorney: Abogado de inmigración.

Immigration Judge: Juez de Inmigración.

Immigration officer: Empleado del Servicio de Ciudadanía e Inmigración.

Inadmissible: Persona que no cumple los requisitos para ser admitido en el territorio estadounidense.

Interview: Entrevista.

Labor Certification: Certificación laboral.

Lawful permanent resident: Residente permanente legal.

Lawyer: Abogado.

National anthem: Himno nacional.

Naturalization: Naturalización.

Nonresident alien: Extranjero no residente en los Estados Unidos.

Notify: Notificar, informar.

Oath ceremony: Ceremonia de juramento.

Oath of Allegiance: Juramento a la bandera.

Penalty fee: Multa.

Pending application: Solicitud pendiente.

Permanent resident card: Tarjeta de residente permanente.

Permanent resident: Residente permanente.

Vote

Vote

Port of entry: Punto de entrada a los Estados Unidos.

Priority date: Fecha tope de presentación de la solicitud.

Procedure: Procedimiento.

Reapply: Volver a solicitar.

Re-entry permit: Permiso de reingreso.

Referral: Recomendación.

Refugee: Refugiado.

Reschedule: Concertar una nueva cita o entrevista.

Review: Revisión.

Right to vote: Derecho al voto.

Rights: Derechos

Selective service: Servicio selectivo.

Special consideration: Consideración especial.

Supporting documents: Documentos que acompañan una solicitud.

Swear loyalty: Jurar lealtad.

Work permit: Permiso de trabajo.

Let's practice
Practiquemos

Las respuestas **(Key)** están al pie de la página.

A. Completa con la frase adecuada:

1) He said he was going to come, but he didn't show up. This is not the first time he _____.

2) We had to hand in the report at 8 o'clock so we _____.

3) She works in the morning and studies at night. I guess she's _____ _____and she'll get stressed.

4) Is your cousin coming to the party?

_____

5) Once you've passed the interview, _____.

B. Une las mitades para que formen una oración con sentido:

1) We checked in (___)
2) I stayed up (___)
3) You should check over (___)
4) When they divorced, (___)
5) Could you stay (___)
6) When they were checking out, (___)
7) A police officer can take away (___)
8) They checked (___)

a) he came off worse.
b) until 6?
c) somebody stole their bags.
d) your driver's license.
e) your answers before handing in the test.
f) studying until 4.
g) that they had all their papers.
h) and went to the beach right away.

C. Llena los espacios en blanco con el vocabulario adecuado:

Time in District or State

eligible

apply for

Physical Presence

Attachment to the Constitution

English and Civics

Continuous Residence

naturalization

citizen

immigration attorney

Good Moral Character

1) To become a_____, you must be willing to swear your loyalty to the United States.

2) The process of becoming a U.S. citizen is called_____.

3) You can _____naturalization once you meet certain requirements.

4) You have to live in the U.S. as a permanent resident for a specific amount of time (_____).

5) You have to be present in the U.S. for specific time periods (_____).

6) Spend specific amounts of time in your state or district (_____).

7) Behave in a legal and acceptable manner (_____).

8) Know English and information about U.S. history and government (_____).

9) Understand and accept the principles of the U.S. Constitution (_____).

10) To see if you are _____to apply for naturalization, see Form M-480.

11) You may also wish to consult an _____.

¡Escucha los audios en la web!

UNIT 19

Paying taxes

Pagando los impuestos

Alyson, Barbara, Tom y Esteban hablas sobre los diferentes tipos de impuestos.

Alyson: Why does Barbara look so upset? She's in a very bad mood.

Tom: Don't pay attention, she **makes a fuss** every month when she sees the discounts in her paycheck.

A: Why?

Barbara: Because somebody is taking almost a third of my salary away from me without any reason or authorization.

A: But, Barbara, that money goes to Social Security, Medicare...

B: **What good** is paying all those taxes **if** I don't have money to pay for my credit card? I could **do without** taxes! I'm going to move away to another state!

T: That's not a very clever idea, babe. This is one of the few states where you don't have to pay personal income taxes.

Esteban: Besides, you should be glad you don't have any property of your own because homeowners have to pay property taxes.

B: **You're kidding,** right? The rent is killing me. If I were Governor,

I would **do away with** taxes! **No wonder** we can't afford to go on vacations this summer!

A: But, Barbara, taxes are the price we have to pay for a civilized society. They pay for public schools, city streets, county roads, police and fire protection, and many other services. In the end, all the money you pay comes back to you in the form of a service.

B: I just need cash. I **knock** myself **out** to be able to spend my money as I want, not for public benefit.

T: **You'd be better off** if you stopped wasting your salary on installment payments and credit card bills as if you **had so much money to burn.**

B: I'd rather pay high interests rates for things I want than taxes for things I don't. Alyson, you should follow my example and get some trendy clothes instead of paying your taxes with such punctuality.

A: Well, I'm afraid I don't **see eye to eye** with you here.

Life in the US

Halloween es una celebración típicamente americana. Se celebra el 31 de Octubre.

Los niños se disfrazan y visitan las casas de los vecinos para pedir dulces. Cada vez que llegan a una casa gritan «trick or treat (trit)» Muchas casas son decoradas con esqueletos, tumbas, calabazas, etc.

Este día fue creado porque en el pasado se creía que en el día 31 de Octubre las brujas y los espíritus les hacían bromas a los humanos.

La tradición indica que cuando se acercaba un espíritu malo o una bruja, las personas hacían hogueras de advertencia y les ofrecían comida y caramelos. También se disfrazaban de espíritus para que el mal no los reconociera.

Alyson: ¿Por qué Barbara está tan disgustada? Está de muy mal humor.

Tom: No le prestes atención. Todos los meses **arma un escándalo** cuando ve los descuentos en su sueldo.

A: ¿Por qué razón?

Barbara: Porque alguien me está sacando casi un tercio de mi salario sin ninguna razón o autorización.

A: Pero Barbara, ese dinero va a Seguridad Social, a Medicare...

B: ¿**Para qué sirve** pagar todos esos impuestos **si** no tengo dinero para pagar mi tarjeta de crédito? Yo podría **prescindir** de los impuestos. ¡Me voy a mudar a otro estado!

T: Esa no es una idea muy inteligente, cariño. Este es uno de los pocos estados donde no tienes que pagar impuestos a los bienes personales.

Esteban: Además deberías alegrarte de que no eres dueña de ninguna propiedad, porque los dueños tienen que pagar impuestos sobre la propiedad.

B: ¿**Estás bromeando**, verdad? El alquiler me está matando. Si yo fuera gobernador, **eliminaría** todos los impuestos. ¡**Es de esperar** que no tengamos dinero para ir de vacaciones este verano!

A: Los impuestos son el precio que tenemos que pagar para vivir en una sociedad civilizada. Son los que pagan las escuelas públicas, las calles de la ciudad, las carreteras, la policía, la protección policial y de los bomberos, y muchos otros servicios. Al final, todo el dinero que pagas vuelve a ti como servicio.

B: Yo todo lo que necesito es el efectivo. Me **mato** trabajando para poder gastar mi dinero como quiero, no para el beneficio público.

T: **Estarías mucho mejor** si dejaras de derrochar tu salario pagando cuotas y cuentas de tarjetas de crédito como si **tuvieras dinero para derrochar**.

B: Preferiría pagar altas tasas de interés por cosas que quiero antes que impuestos por cosas que no quiero. Alyson, deberías seguir mi ejemplo y comprarte alguna ropa de moda en vez de pagar tus impuestos con tanta puntualidad.

A: Bueno, me temo que en este tema **no estoy de acuerdo contigo**.

Let's speak English
Hablemos en inglés

¡Escucha los audios en la web!

---

1 Cuando alguien **se queja en voz alta para mostrar que está muy enojado** se usa esta expresión:

He always **makes a fuss** when somebody arrives late.

Él siempre **arma un escándalo** cuando alguien llega tarde.

---

2 Para decir que **algo no te sorprende**, puedes usar esta frase:

No wonder my nephew is happy-he's got a new play station.

No me sorprende que mi sobrino esté contento; tiene una nueva play station.

---

3 Cuando **estás de acuerdo** con alguien puedes usar esta frase:

My brother and I don't **see eye to eye** on money matters.

Mi hermano y yo no **estamos de acuerdo** en temas de dinero.

---

4 Si alguien tiene mucho dinero y **gasta grandes sumas en cosas innecesarias** puede usarse esta expresión:

It seems that my neighbor **has money to burn.** He bought a new Mercedes.

Parece que mi vecino **tiene dinero para derrochar.** Acaba de comprarse un nuevo Mercedes.

---

5 Para decir que alguien **está en una mejor situación ahora que antes** puedes usar esta expresión:

I know you liked your previous job, but now you'll **be better off.**

Sé que te gustaba tu trabajo anterior, pero ahora estarás **mucho mejor.**

---

6 Fíjate en esta expresión:

What good is... if...
¿Cuál es la ventaja de... si...?

What good is having a garden **if** I can't take care of it.
¿**De qué sirve** tener un jardín **si** no puedo cuidarlo?

What good is learning to drive **if** you don't have a car?
¿**Para que sirve** aprender a manejar **si** no tienes auto?

Fíjate en esta otra frase. La usas para decir que alguien malgasta su dinero.

I've never seen anybody **throw money around** like his girlfriend.

Nunca vi a nadie que **derroche/malgaste dinero** como su novia.

---

7 Para **mostrar sorpresa por algo que te dicen**, puedes usar esta frase:

Oh, I forgot my wallet! **You're kidding**!

¡Me olvidé la billetera! ¡**Estás bromeando**!

Verbs and multi-word verbs *Verbos y verbos compuestos*

(Consulta los Apuntes de gramática)

-Estos verbos tienen, básicamente, los siguientes significados:

Do (did/done):

-Hacer: What did you **do** last weekend? / ¿Qué **hiciste** el fin de semana pasado?
She's **doing** an exercise. / Está **haciendo** un ejercicio.

Knock (knocked/knocked):

-Golpear algo repetidamente: Somebody is **knocking** at the door.
Alguien está **golpeando** a la puerta.

Estudiemos algunos
verbos compuestos
muy comunes con
knock y **do**:

Knock

Knock out:

-trabajar duro para conseguir algo.
If I want to buy a house, I have to **knock** myself **out** to save enough money.
Si quiero comprarme una casa, tengo que **deslomarme trabajando**.

-golpear a alguien hasta que pierde la conciencia.
The young boxer was **knocked out** in the fifth round.
El joven boxeador fue **noqueado** en el quinto round.

Knock down:

-hacer caer, derribar.
The car **knocked down** the fence.
El auto **derribó** la cerca.

-demoler, destruir.
They are **knocking down** the old factory to build a big mall.
Están **demoliendo** la vieja fábrica para construir un centro de compras.

Learning Tips

Otra manera de enriquecer tu vocabulario sobre alimentos en inglés y practicarlo es ver en TV los programas de cocina, donde muestran cómo elaborar esos platos tan ricos.
Verás en la práctica no sólo cómo se llaman los alimentos que usan, sino que conocerás también los verbos que se usan al cocinar.
¡Sabroso!

Do

Do without: prescindir de algo o alguien:
I couldn't **do without** your help.
No podría **prescindir** de tu ayuda.

Do away with: eliminar, deshacerse de:
The Mayor should **do away with** these old regulations.
El intendente debería **eliminar** esas normas viejas.

Expanding your vocabulary
Aumenta tu vocabulario

Taxes
/ Los impuestos

Ability to pay: Capacidad de pago.

Accrued taxes:

Impuestos devengados/acumulados.

Adjustments: Ajustes.

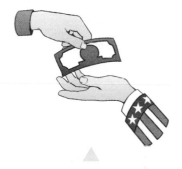

Collect: Recaudar, cobrar.

Back taxes:

Impuestos atrasados.

Deduction: Deducción.

Deferred payment: Pago diferido.

Excise taxes:

Impuesto sobre el uso y consumo.

Face value: Valor nominal.

Federal income tax withheld:

Impuestos federales sobre los ingresos.

Assessment of tax:

Determinación de la contribución.

Allowances: Descuentos.

Annual income:

Ingreso anual.

Arrears: Mora.

File the tax return:

Presentar la declaración de impuestos.

Fiscal year: Año fiscal.

Grace period: Periodo de gracia.

Gross income: Ingresos brutos.

Income tax: Impuesto sobre los ingresos.

Income: Ingreso.

Medical Tax Withheld:

Impuesto del Medicare.

Net income: Ingresos netos.

Property tax:

Impuesto sobre la propiedad.

Refund: Reembolso.

Sales tax: Impuesto a las ventas.

Individual income:

Ingreso personal.

Individual Taxpayer Identification

Number (ITIN): Número de Identificación

del Contribuyente Individual.

Internal Revenue Service:

Servicio de Rentas Internas.

Low income: Bajos ingresos.

Social Security Tax Withheld:

Impuesto

del Seguro Social.

Tax evasion:

Evasión de impuestos.

Tax exemption:

Exención de impuestos.

Tax policy: Política tributaria

Tax: Impuesto.

Treasury Department:

Departamento del Tesoro.

W-2 Form:

Forma W-2, necesaria

para presentar la declaración

de impuestos.

Let's practice
Practiquemos

Las respuestas (Key) están
al pie de la próxima página.

A. Completa el diálogo con las expresiones que corresponda en la forma correcta:

see eye to eye

make a fuss

what good

have money to burn

no wonder

throw money around

Rachel: I don't know why you're _____(1)!

John: _____(2) you don't understand. Your main hobby is _____(3)!

Rachel: Don't talk to me like that. These skis are so beautiful!

John: _____(4) is a set of skis if you don't know how to ski!

Rachel: But I'll learn next winter. You have to buy things when you see them. Otherwise you miss the opportunity.

John: It seems we don't _____5) on this either. And you behave as if you _____(6)!

Rachel: Not me, honey... The cashier is waiting for you to pay...

1) I´m a realtor, so I can't **manage** without a car.

_____.

2) The stone hit his head and **made** him **unconscious.**

_____.

B. Reemplaza la expresión **en negrita** por una frase verbal adecuada:

3) I think he will have to **demolish** those old buildings.

_____.

4) The company has to **stop using** some discriminatory policies. _____.

5) They are **working hard** to travel to El Salvador next summer. _____.

6) The truck hit a tree when it was backing out of the construction site and **made it fall over.**

_____.

C. Marca el significado en español de las siguientes frases:

1) **Income tax:** a-ingresos netos. b-impuesto sobre los ingresos.

2) **Low income:** a-bajos ingresos. b-ingresos brutos.

3) **Tax return:** a-declaración de impuestos. b-reembolso de impuestos.

4) **Annual income:** a-ingresos netos b-ingresos anuales.

5) **Arrears:** a-descuentos b-mora.

6) **Accrued taxes:** a-Impuestos acumulados. b-Excención de impuestos.

Key: A. 1-making a fuss, 2-No wonder, 3-throwing money around, 4-What good, 5-see eye to eye, 6-have money to burn. / B. 1-do without, 2-knocked...out, 3-knock down, 4-do away with, 5-knocking themselves out, 6-knocked is down / C. 1-b, 2-a, 3-a, 4-b, 5-b, 6-a

UNIT 20

Family in trouble

La familia en problemas

Alyson les cuenta a sus amigos que tiene que enviar dinero a México para ayudar a un tío suyo que debe ser operado.

Tom: Alyson, we're going out for dinner tonight, do you want to **come along**?

Alyson: No, thank you guys...

T: Come on! A friend of mine is opening a new restaurant and he invited me and told me to **bring along** a couple of friends. It's **on the house**!

A: Well... I don't know... maybe...

T: Is there anything wrong? If there is, please **spit it out**!

A: Unfortunately, yes. My uncle needs an operation and he doesn't have enough money to pay for the cost, so I'm going to send him some money to help him out.

T: Is there anything I could do? How are you sending the money?

A: I'll see what's the best option: a bank or a money transfer agency.

Esteban: If it's urgent, maybe you should try an agency, your relatives will be able to pick up the money right away. A bank transfer may take a couple of days.

Barbara: **It's none of my business**, but why are you going to make such an effort? You said you were saving up to buy a house. Isn't there any other relative who can help him?

A: You see, Barbara, he's my uncle and he's going through a difficult moment. Every cent I can save will go straight to Mexico.

E: Do you speak with your uncle very often?

A: I've been calling him several times in the last weeks, because I knew they were in trouble. Phone cards are great, I can talk for many hours for just 5 dollars.

E: Yeah, and you can get them everywhere.

A: That's what I have to do right now! Go get a phone card! Bye!

B: Poor Alyson... she's so naive! I think her relatives are taking advantage of her.

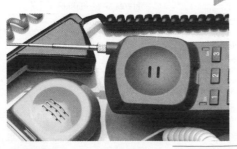

T: I think she has a **heart of gold** and she's very generous. You should learn from her.

B: What? **Look who's talking**! The **good Samaritan**! When I asked you to help me pay my credit card, you **made up** so many excuses! **Did it slip your mind** that you weren't willing to help me then?

T: **No comment.**

Life in the US

No te sorprendas si muchas de las medicinas que puedes comprar sin receta en tu país, aquí sólo se puedan obtener con una receta de un médico.
En Estados Unidos hay muchos productos médicos que solo se pueden conseguir con una receta médica.
Es por eso tan importante la visita al médico y, como es tan cara, buscar algún tipo de plan médico que te cubra la mayor parte de los gastos, que en este país son absurdamente altos.

Tom: Alyson, esta noche salimos a cenar, ¿quieres **venir con nosotros**?

Alyson: No, gracias, amigos...

T: ¡Vamos! Un amigo mío abre un restaurante nuevo, me invitó a mí y me dijo que **trajera** a un par de amigos. **¡Paga la casa!**

A: Bueno... no sé... quizás...

T: ¿Te sucede algo? Si así fuera, ¡por favor, **cuéntalo**!

A: Lamentablemente, sí. Tienen que operar a mi tío y él no tiene el dinero suficiente para pagar los gastos, así que voy a enviarle algo de dinero para ayudarlo?

T: ¿Puedo hacer algo? ¿Cómo le envías el dinero?

A: Voy a ver cuál es la mejor opción: un banco o una agencia de transferencia de dinero.

Esteban: Si es urgente, quizás deberías intentar con la agencia, tus familiares

podrán retirar el dinero inmediatamente. Una transferencia bancaria puede tardar unos días.

Barbara: **No es asunto mío**, pero ¿por qué vas a hacer semejante esfuerzo? Dijiste que estabas ahorrando para comprarte una casa. ¿No hay otro pariente que pueda ayudarla?

A: Mira, Barbara, él es mi tío y está atravesando un momento difícil. Cada centavo que yo pueda ahorrar va a ir para México.

E: ¿Hablas a menudo con tu tío?

A: Lo he estado llamando varias veces en las últimas semanas, porque sabía que estaban en problemas. Las tarjetas telefónicas son fantásticas, puedo hablar muchas horas por solo 5 dólares.

E: Sí, y las puedes comprar en cualquier lugar.

A: ¡Eso es lo que tengo que hacer en este preciso momento! ¡Ir a comprar una tarjeta telefónica!

B: Pobre Alyson... ¡Es tan ingenua! Creo que sus parientes se están aprovechando de ella.

T: Yo creo que tiene un **corazón de oro** y es muy generosa. Deberías aprender de ella.

B: ¿Qué? **¡Mira quién habla!** ¡El **buen samaritano**! Cuando yo te pedí que me ayudaras a pagar la tarjeta de crédito, **¡inventaste** tantas excusas! ¿**Te olvidaste** que no tenías interés en ayudarme?

T: **Sin comentarios.**

Let's speak English
Hablemos en inglés

¡Escucha los audios en la web!

1 Estas expresiones se usan para indicar que **alguien paga la cuenta**:

Let's celebrate! Drinks are **on the house!**
¡Celebremos! ¡Las bebidas las **paga la casa!**

You paid last time, so today is **my treat!**
Tú pagaste la última vez, así que hoy ¡**pago yo!**

Dinner is **on me.**
La cena la **pago yo.**

2 Estas expresiones la usas cuando te **olvidas de algo**:

Oh my God, it was her birthday yesterday and I didn't call her! **It slipped my mind!**
Dios mío, ayer fue su cumpleaños y no la llamé. ¡**Se me fue de la mente!**

What's his name? **It's on the tip of my tongue!**
¿Cuál es su nombre? ¡**Lo tengo en la punta de la lengua!**

I can't remember his birthday! **I'm drawing a blank!**
No puedo recordar su cumpleaños. ¡**Se me borró de la mente!**

3 Cuando quieres decir que una persona tiene **buen corazón**, puedes usar esta frase:

heart of gold

Carl is a bit bad-tempered but he has a **heart of gold.**
Carl es un poco malhumorado, pero tiene un **corazón de oro.**

4 Esta frase puedes decirla **cuando alguien te critica por algo que esa persona también hace**:

A: How can you be so untidy?
B: **Look who's talking**

A: ¡Cómo puedes ser tan desordenado!
B: ¡**Mira quién habla!**

5 Cuando quieres **evitar ser muy directo**, puedes usar estas frases:

It's none of my business, but do you live near here?
No es asunto mío, pero ¿vives cerca de aquí?

I was wondering if you'd like to come over for dinner one day.
Me pregunto si te gustaría venir a cenar a mi casa algún día.

6 Esta frase la usas cuando **no quieres contestar una pregunta**:

No comment

Reporter: Did your client steal the diamond?
Lawyer: **No comment.**

Reportero: ¿Su cliente robó el diamante?
Abogado: **Sin comentarios.**

7 Así puedes llamar a **una persona que está siempre dispuesta a ayudar a los demás**:

My neighbor is **a good Samaritan.** She helps me a lot with my son.

Mi vecina es **una buena Samaritana.** Siempre me ayuda con mi hijo.

Verbs and multi-word verbs *Verbos y verbos compuestos*

(Consulta los Apuntes de gramática)

-Este verbo tiene, básicamente, el siguiente significado:

Spit (spat/spat):

-Escupir: The player drank some water and **spat** it out.
El jugador bebió un poco de agua y la **escupió**.

Estudiemos algunos **verbos compuestos** muy comunes con **spit**:

Spit

Spit out: largar, contar
What's worrying you? Come on, **spit it out**, I'm your friend.
¿Que te está preocupando?
Vamos **cuéntalo**, soy tu amigo.

-vomitar (un bebé):
The baby **spat up** on my sweater.
El bebé **vomitó** la comida sobre mi suéter.

Learning Tips

Un método fácil para enriquecer tu vocabulario es acordarse y fijarse en los títulos de las películas y programas de televisión. Los anuncios de televisión son una buena fuente también de inglés cotidiano.
En estos títulos se utilizan expresiones comunes y frecuentes que se usan en el inglés de todos los días.

Aprendamos otras expresiones con **come** (ver Unit 2), **bring** (ver Unit 6) y **make** (ver Unit 12):

Come

Come along: ir a algún lugar con alguien
We went to see the soccer match and Josh **came along**.
Fuimos a ver el partido de fútbol y Josh **vino con nosotros**.

Come out: hacerse público, conocerse, salir a la luz
His new novel is **coming out** in the summer.
Su nueva novela **se conocerá** en el verano.

Come up: Suceder inesperadamente:
An urgent matter **came up** and I couldn't leave the office early.
Ocurrió un tema inesperado y no pude irme temprano de la oficina.

Bring

Bring along: traer algo o alguien.
Don't **worry about** the wine, I'll **bring** it **along**!
No te preocupes por el vino, ¡lo **traeré** yo!

Bring up: Hablar sobre algo:
He always **brings up** his money problems.
Siempre **habla** de sus problemas de dinero.

Make

Make up: inventar (una excusa, una historia):
He always **makes up** funny stories.
Él siempre **inventa** historias cómicas.

Make off with: robar
Somebody **made off with** my purse and my coat.
Alguien se **robó** mi cartera y mi abrigo.

Expanding your vocabulary
Aumenta tu vocabulario

Phone cards
/ Tarjetas telefónicas

PIN (Personal Identification Number): Número de identificación personal.

Rechargeable: Recargable.

Prepaid: Prepaga.

Calling cards: Tarjetas telefónicas.

Domestic calls: Llamadas nacionales.

International calls: Llamadas de internacionales.

Auto-recharge: Autorecargables.

Rates: Tarifas

Activate: Activar.

Deactivate: Desactivar.

Maintenance fee: Costo de mantenimiento.

Connection fee: Costo de conexión.

Password: Contraseña.

Toll-free number: Número gratuito.

Refill: Recargar.

Account: Cuenta.

Balance: Saldo

Call history:
Historial de llamadas.

Billing history:
Historial de facturación.

Dial: Discar.

Country code: Código de país.

Area Code: Código de área.

Money Transfers / *Transferencias de dinero*

Transfer money:

Transferir dinero

Send Money and Messages:

Enviar dinero y mensajes.

Send Payments: Enviar pagos.

Receiving agent location:

Oficinas del agente receptor.

Transfer funds online:

Transferir fondos por Internet.

Transfer money

over the telephone:

Transferir dinero por teléfono.

Transaction: Transacción.

Receiver: Receptor.

Pick-up location:

Oficinas de retiro del dinero.

Sender: Remitente.

Money order: Giro postal.

Let's practice
Practiquemos

Las respuestas **(Key)** *están al pie de la próxima página.*

A. Completa las oraciones con la frase adecuada en la forma que coresponda:

draw a blank

it's my treat

I was wondering

no comment

look who's talking

it's slipped my mind

it's none of my business

1) ¿Is it true that you got divorced?_____.

2) _____ if you could lend me your car.

3) A: Your hair looks terrible!
   B: _____!

4) J: Excuse me, could you bring me the bill please?
   T: Please, Jack, this time _____.

5) What was her cellphone number? _____!

6) _____, but where did you get those wonderful shoes?

7) I'm afraid I failed the test. When I had to answer the questions, I _____.

B. Une las mitades para formar oraciones correctas:

1) We´re going to a Chinese restaurant, (__)

a) bring my boyfriend along.

2) Why are you so upset? Come on, (__)

b) made off with several digital cameras.

3) When she has to finish an urgent task, (__)

c) they always bring up their health problems.

4) She said I could (__)

d) do you want to come along?

5) When people get older (__)

e) spit it out!

6) Three men (__)

f) she always makes up an excuse.

C. Completa estas oraciones con el vocabulario correcto:

1) _____ cards are cards you´ve paid for before using.

2) When you call a _____ number, you don't have to pay.

3) A _____ call is when you call somebody in your country.

4) When you send money by the Internet or a bank, you're _____ money.

5) The person who receives money or a message is called a ____ _____.

6) You can pick up the money at the _____ _____ location.

UNIT 21

The holdup

El asalto

Dos ladrones asaltan la tienda. Han entrado armados y son muy peligrosos.

Esteban: (*In a low voice*) Don't worry, Tom. I **set off** the alarm under the counter before they ordered us to **put** our hands **up.** Oh, no! They're pointing a gun at Alyson's head!

Tom: **Keep away from** her! **If** you touch her, you'**ll** be in trouble!

E: **Watch out,** Tom! Oh, my God! Tom got knoked on the head!

Barbara: Tom's so stupid! Why didn't he simply **shut up** and **mind his own business**?

(*The thief hears a patrol car siren. He realizes somebody must have **tipped** the police **off**. He asks everybody to **hand over** their wallets. The police comes in and ask the thieves to **put** their guns **down.** One of the thieves **runs away**).*

B: Oh, no! They've made off with my new watch and my necklace!

Alyson: Tom's bleeding. Please, call an ambulance! Tom, talk to me!

T: I'm...all...right...

A: Thank God, he's **coming around**! Barbara, please call 911 and ask for an ambulance.

B: I can't! I can't! I'm shocked. I'm going to the restroom...

E: I'll call them, don't worry. Stay with him. Hi? 911? There's been a holdup at Stacey's Department Store and a person is hurt.

A: Tom, you were so brave...you shouldn't have tried to stop them ...

T: They were ... pointing the ... gun ...at you. Aah, Gosh, it hurts. What **else** could I do?.

E: I already reported everything to 911. They're sending an ambulance. It'll be here in a few minutes.

T: Where's... Barbara, is she... OK?

A: Er... yes, she went to the restroom and is coming in a minute.

Life in the US

El 911 es el número telefónico oficial y nacional para informar emergencias.

Puedes llamar gratuitamente desde cualquier teléfono y te comunicaran a la mayor brevedad posible con la policía, los bomberos o los paramédicos.

Pero, ¡ojo! No hagas uso de este número telefónico si no es una emergencia importante, pues si la emergencia no es tan importante, pueden llegar a multarte por hacer un uso indebido del 911.

Así que memoriza este número: 911, y recuerda de usarlo sólo cuando realmente la emergencia que tienes es grave.

Esteban: (*En voz baja*) No te preocupes, Tom. **Activé** la alarma que está debajo del mostrador antes de que nos ordenaran **subir** las manos. ¡Ah, no! ¡Están apuntando un arma a la cabeza de Alyson!

Tom: ¡**Aléjate** de ella! ¡**Si** la tocas, **te verás** en problemas!

E: ¡**Cuidado**, Tom! ...¡Oh, Dios mío! ¡Golpearon a Tom en la cabeza!

Barbara: ¡Tom es tan estúpido! ¿Por qué simplemente no **cerró la boca** y se **ocupó de sus asuntos?**

(*El ladrón oye la sirena de un patrullero. Se da cuenta de que alguien debe de haber **avisado a la policía**. Les ordena a todos que **entreguen** las billeteras. La policía entra y les ordena que **bajen** las armas. Uno de los ladrones **huye**).

B: Ay, no! ¡Me robaron mi nuevo reloj y mi collar!

Alyson: Tom está sangrando. Por favor, ¡llama a una ambulancia! ¡Tom, háblame!

T: Estoy... bien...

A: ¡Gracias a Dios, está **recuperando el conocimiento**! Barbara, por favor, llama al 911 y pide una ambulancia.

B: ¡No puedo! ¡No puedo! ¡Estoy conmocionada! Voy al baño...

E: Yo llamo, no te preocupes. Quédate con él. ¿Hola? ¿911? Ha ocurrido un asalto en Stacey's Department Store y una persona está herida.

A: Tom, fuiste tan valiente,... no deberías haber tratado de detenerlos...

T: Estaban... apuntándote con ... el revólver. Ay, Dios, cómo duele. ¿Qué **más** podría hacer?

E: Ya les informé todo al 911. Están enviando una ambulancia. Llegará aquí en unos pocos minutos.

T: ¿Adónde está... Barbara? ¿Está... bien?

A: Eh... sí, fue al baño y viene en un minuto.

Let's speak English
Hablemos en inglés

¡Escucha los audios en la web!

1 Para expresar **condiciones que pueden llegar a cumplirse en el futuro**, puedes usar esta estructura: (Consulta los Apuntes de gramática)

If you **work** hard, you**'ll finish** on time!
Si trabajas mucho, ¡terminarás a tiempo!

If I **save** enough money, I**'ll buy** a new car.
Si ahorro suficiente dinero, me compraré un auto nuevo.

I **can** visit her **if** I **finish** early.
Puedo visitarla si termino temprano.

I**'ll send** her an e-mail **if** she **needs** more information.
Le enviaré un correo electrónico si necesita más información.

2 Cuando quieres **dar órdenes, indicaciones o instrucciones** usas el tiempo **imperativo**: (Consulta los Apuntes de gramática)

Put your guns down!
¡Bajen las armas!

Move out, please!
¡Salgan del paso, por favor!

Shut up!
¡Cierra la boca!

Turn on the computer and **enter** your password.
Enciende la computadora y escribe tu contraseña.

Close your eyes.
Cierra los ojos.

Go straight ahead and **turn** left on Madison.
Sigue derecho y dobla a la izquierda en Madison.

3 Cuando quieres decirle a alguien que **se ocupe de sus propios asuntos**, puedes usar esta frase:

George: I think you should apologize to her.
Cal: Why don't you **mind your own business**?

George: Creo que tendrías que pedirle disculpas a ella.
Cal: ¿Por que no te **ocupas de tus propios asuntos**?

4 Para **avisarle a alguien sobre un peligro**, puedes usar estas frases:

Watch out! A car is coming!
¡Cuidado! ¡Viene un auto!

Watch your step! The floor is slippery.
¡Fíjate donde pisas! El suelo está resbaladizo.

5 Fíjate en estas expresiones con la palabra **else**:

What **else** can I do?
¿Qué **más** puedo hacer?

Anything **else**?
¿Algo **más**?

Nothing **else**.
Nada **más**.

I'd like to see something **else**.
Me gustaría ver **otra** cosa.

Learning Tips

Es bien efectivo siempre llevar contigo un diccionario. En tu día a día, cuando descubras una palabra nueva puedes consultarla. Puedes comenzar con un diccionario inglés-español y cuando desarrolles más el idioma puedes usar un diccionario escrito en inglés solamente. Es la mejor manera de entender el significado de una palabra. Si puedes, anota todas las palabras nuevas que aprendas en una libreta. Llévala siempre contigo, junto con el diccionario, y cuando tengas un momento libre, repasa esas palabras que anotaste para comprobar que recuerdas su significado.

Verbs and multi-word verbs *Verbos y verbos compuestos*

(Consulta los Apuntes de gramática)

-Estos verbos tienen, básicamente, los siguientes significados:

Set (set/set):

-Poner algo en una posición determinada:

He **set** the new stereo equipment in the living room.
Él **ubicó** el nuevo equipo de estéreo en la sala.

-Poner o acomodar algo para que funcione o sea usado:

I **set** the alarm clock for 7. / **Puse** el despertador a las 7.

Shut (shut/shut):

-Cerrar: Please, **shut** the door and come in.
Por favor, **cierra** la puerta y entra.

He **shut** his eyes and fell asleep.
Él **cerró** los ojos y se quedó dormido.

Tip (tipped/tipped):

-Dar, dejar propina: He **tipped** the waiter. / Le **dejó** propina al mozo.

Hand (handed/handed):

-Entregar algo a otra persona:

Could you **hand** me that cup, please?
¿Podrías **alcanzarme** esa taza, por favor?

He **handed** me the bottle.
Me **alcanzó** la botella.

Estudiemos algunos **verbos compuestos** muy comunes con **set, tip, hand** y **shut**:

Set

Set off:
-activar, hacer explotar:
They **set off** a bomb near the Police Department.
Hicieron explotar una bomba cerca del Departamento de Policía.

-salir de viaje:
We're **setting off** at 9 tomorrow.
Partimos a las 9 mañana.

Set out: llevar a cabo, emprender, salir a
They **set out** to climb the mountain.
Salieron a escalar la montaña.

Set up: establecer, crear, abrir (una tienda)
They **set up** a real estate agency.
Abrieron una agencia inmobiliaria.

Set in: comenzar
We were already traveling when the storm **set in**.
Ya estábamos viajando cuando comenzó la tormenta.

Tip

Tip off: informar en secreto a alguien

Somebody must have **tipped off** the robbers that they weren't at home.
Alguien debe de haberles **avisado** a los ladrones que ellos no estaban en su casa.

Hand

Hand over: entregarle a alguien algo que te ha ordenado o pedido

This is a hold up! **Hand over** your purses and wallets!
¡Esto es un asalto! ¡Entreguen sus carteras y billeteras!

Shut

Shut up: cerrar la boca, callarse

If you don't **shut up** I can't study.
Si no cierras la boca, no puedo estudiar.

Aprendamos otras expresiones con **put** (ver Unit 7/17), **keep** (ver Unit 6) y **come** (ver Unit 2/16/20):

Put

Put up: levantar algo o poner arriba:
I have to **put** all these books **up** in that shelf.
Tengo que poner todos estos libros arriba de aquella repisa.

The student **put up** his hand to answer the question.
El alumno levantó la mano para contestar la pregunta.

Put down: apoyar en el piso, bajar, soltar algo
She **put down** her suitcase and stopped walking.
Ella apoyó en el piso su valija y se detuvo.

Come

Come around: recuperar el sentido (luego de un accidente u operación):
She **came around** one hour after the operation.
Ella recuperó el conocimiento una hora después de la operación.

Keep

Keep away: mantenerse alejado
Keep away from the dog.
Mantente alejado del perro.

Expanding your vocabulary
Aumenta tu vocabulario

Types of crime
/ Tipos de delito

Felony: Delito grave.
Forgery: Falsificación.
Gun: Arma.
Homicide: Homicidio.

Arson: Incendio.
Arm: Arma.
Assault: Ataque.
Blackmail: Chantajear.
Chantaje.

Robbery: Robo.
Rape: Violación
(ataque sexual).
Set fire: Incendiar.
Shoplifting: Hurto
(tiendas).

Kidnap: Secuestrar.
Kidnapping: Secuestro.
Misdemeanor:
Contravención.
Infraction: Infracción.

Bomb threat:
Amenaza de bomba.
Bribe: Sobornar/ Soborno.
Burglary: Robo.
Crime: Delito.

Steal: Robar.
Theft: Robo.
Trespass: Entrar
ilegalmente.
Vandalism: Vandalismo.

Mug: Atracar. Asaltar.
Mugging: Atraco. Asalto.
Murder: Asesinar.
Asesinato.
Offense: Delito penal.

Drunkenness: Ebriedad.
Death penalty:
Pena de muerte.
Drug dealing:
Narcotráfico.

Weapon: Arma.
Vandalize: Destrozar.
Violate: Violar una ley.
Violation: Violación.

Criminals / Delincuentes

Arsonist: Piromaníaco.
Blackmailer: Chantajista.
Burglar: Ladrón.
Drug dealer: Narcotraficante.

Shoplifter: Ladrón de tiendas.
Thief: Ladrón.
Vandal: Vándalo.
Violator: Violador.
Trespasser: Intruso.

Mugger: Asaltante.
Kidnapper: Secuestrador.
Killer: Asesino.
Murderer: Asesino.
Rapist: Violador (sexual).
Robber: Ladrón.

Let's practice
Practiquemos

Las respuestas **(Key)** *están al pie de la próxima página.*

A. Elige la mitad de la oración que corresponda para formar una condición que tenga sentido. La número 1 te sirve de ejemplo.

1) If I study hard (*c*)

2) If you call her (__)

3) If it rains(__)

4) We can go out for dinner(__)

5) I´ll send her an e-mail(__) movies.

6) You´ll meet my brother(__)

7) We´ll buy a new computer(__) tonight.

a) if she doesn't answer my calls.

b) if you need it.

c) I'll pass the test.

d) she'll be happy.

e) we can go to the movies.

f) if you feel better.

g) if you come over

B. Une los verbos compuestos con su significado en español:

1) Keep away from (__)	a) Establecer
2) Watch out! (__)	b) Escapar
3) Set out (__)	c) Tener cuidado
4) Put down (__)	d) Callarse
5) Come around (__)	e) Emprender
6) Run away (__)	f) Recuperar el conocimiento
7) Set up (__)	g) Bajar
8) Shut up (__)	h) Alejarse

C. Coloca los verbos compuestos del ejercicio **B** en el lugar que corresponda:

1) _____, you're driving me crazy.

2) They've _____ a medical center.

3) My sister _____ five hours after the accident.

4) We_____to finish our work.

5) _____! There's a hole in the sidewalk.

6) The muggers _____with her purse.

7) Please, _____ the area, it's still dangerous.

8) _____ that knife, you're scaring me.

D. Completa el espacio en blanco con la palabra adecuada. Chequea el vocabulario.

homicide/murder

guns/weapons/arms

infraction

thief/robber/burglar

forge

arson

1) The crime of setting fire to a house or a forest is called _____.

2) The crime of killing a person is called _____.

3) The person who steals something is called _____.

4) Sometimes criminals carry _____.

5) If you drive through the red light you're making an _____.

6) To falsify documents or money is to _____.

Key: A. 1-c, 2-d, 3-e, 4-f, 5-a, 6-g, 7-b
B. 1-h, 2-c, 3-e, 4-g, 5-f, 6-b, 7-a, 8-d
C. 1-Shut up, 2-set up, 3-came around, 4-set out, 5-Watch out, 6-ran away, 7-keep away from, 8-Put down. / D. 1-arson, 2-homicide/murder, 3-thief/robber/burglar, 4-guns/weapons/arms, 5-infraction, 6-forge

¡Escucha los audios en la web!

Alyson y Esteban ayudan a Tom en su casa mientras se recupera del golpe que sufrió.

UNIT 22

Getting better

Recuperándose

Esteban: Hey, there! You've **earned some brownie points**. You're a hero, man! How are you?

Tom: Well, **to be honest, I've had better days**!

Alyson: But it's true Tom, you *are* a hero. You **stuck your neck out** for me.

E: It's true, but now you need to **lie down** and rest. And I have to go to the pharmacy.

T: What for?

A: Well you got hurt, remember? You lost consciousness and they took you to the hospital.

T: OK, OK, but you're worrying so much. Thank you guys! I'll never forget this... By the way, where's Barbara?

E: She told me she was coming after her gym class.

T: Oh, yes. Her gym class. I think she cares more about her gym class than she **cares for** me.

A: Don't worry. We'll stay with you until she comes.

E: I'm off to the pharmacy. I'll get some bandages, alcohol, medical tape...

T: Thanks a lot, Esteban. And Alyson, you should be **taking care of** your son. I can manage on my own.

A: You got hurt to protect me. The least I can do is help you until you **get over** your injury.

T: I really appreciate what you are doing. You're so different...

A: Let me change your bandages. Does it still hurt?

T: Just a little. Where did you learn all this?

A: I attended a first aid course last summer. You're my **guinea pig**!

T: Well, am I an easy patient?

A: **We'll see.**

Esteban: ¡Hola! ¡Te has **ganado unos puntos**! ¡Eres un héroe, amigo! ¿Cómo estás?

Tom: Bueno, **para ser honesto**, ¡**he tenido días mejores**!

Alyson: Pero es verdad, Tom, realmente *eres* un héroe. Tú te **arriesgaste** por mí.

E: Es cierto, pero ahora necesitas **acostarte** y descansar. Y yo tengo que ir a la farmacia.

T: ¿Para qué?

A: Bueno, te lastimaron, ¿lo recuerdas? Perdiste la conciencia y te llevaron al hospital.

T: Está bien, está bien, pero se están preocupando tanto. ¡Gracias, amigos! Nunca lo olvidaré... Dicho sea de paso, ¿dónde está Barbara?

E: Me dijo que iba a venir después de la clase de gimnasia.

T: Ah, sí. Su clase de gimnasia. Creo que se **preocupa** más por su clase de gimnasia que por mí.

A: No te hagas problemas. Nos quedaremos contigo hasta que venga.

E: Me voy a la farmacia. Compraré algunas vendas, alcohol, cinta adhesiva,...

T: Muchas gracias, Esteban. Y tú, Alyson, deberías estar **cuidando** a tu hijo. Yo puedo arreglarme solo.

A: Te hirieron por protegerme. Lo mínimo que puedo hacer es ayudarte hasta que te **recuperes** de la herida.

T: Te agradezco mucho lo que estás haciendo. Eres tan diferente...

A: Déjame cambiarte las vendas. ¿Todavía te duele?

T: Un poco. ¿Adónde aprendiste esto?

A: Hice un curso de primeros auxilios el verano pasado. ¡Tú eres mi **conejillo de Indias**!

T: Bueno, ¿soy un paciente fácil?

A: **Ya veremos.**

Life in the US

Para llevar una buena relación con los estadounidenses tienes que tener mucho cuidado en cómo te diriges hacia ellos. Nunca comentes aspectos físicos de las personas, como si es alta o baja, o si está con exceso o falta de peso. Ellos se preocupan mucho por su apariencia y cualquier referencia a ella se considera de muy mala educación.

Let's speak English
Hablemos en inglés

¡Escucha los audios en la web!

1 Cuando alguien se **arriesga** por otra persona, se puede usar la frase **stick your neck out:**

Kurt **stuck his neck out for me** and talked to the coach.

Kurt se **arriesgó por mí** y habló con el entrenador.

2 Esta expresión la usas cuando **vas a esperar para tomar una decisión o ver el resultado de algo:**

Sue: Do you think he's going to accept our invitation?
Gary: **We'll see.**

Sue: ¿Crees que va a aceptar nuestra invitación?
Gary: **Ya veremos.**

3 Esta frase significa **«conejillo de Indias»**, es decir, una persona o animal que se usa en algún experimento, ya sea real o figurado.

My mother tries her new recipes when she cooks dinner for me: I'm her **guinea pig.**

Mi madre prueba sus recetas nuevas cuando me cocina la cena: soy su **conejillo de Indias**.

4 Esta expresión significa **que algo o alguien estuvo en mejores condiciones que las actuales:**

I don't feel awful today, but **I've had better days.**
No me siento muy mal hoy, pero **he tenido días mejores.**

These black pants **have seen better days,** I guess.
Estos pantalones negros **han visto días mejores**, me imagino.

5 Estudiemos estas expresiones con la frase **take care:** cuidar

Alyson has to **take care of** her little son.
Alyson tiene que **cuidar** a su pequeño hijo.

-Adiós, cuídate (como una manera de despedirse):

Ann: I'm leaving!
Ben: **Take care.**
Ann: ¡Me voy!
Ben: **Cuídate.**

6 Cuando quieres decir con humor que alguien «**ganó puntos**» por haber hecho algo bien, usas esta expresión:

He **earned some brownie points** for helping her with the computer.
Se **ganó unos puntos** por ayudarla con la computadora.

I **got some brownie points** with my boss for repairing his car.
Me **gané unos puntos** con mi jefe por haberle ayudado a reparar su auto.

7 Veamos esta frase con la palabra **honest:**

To be honest, I don't think he'll pass the test.
Para ser honesto, no creo que apruebe el examen.

¡Escucha los audios en la web!

Verbs and multi-word verbs *Verbos y verbos compuestos*

(Consulta los Apuntes de gramática)

-Estos verbos tienen, básicamente, los siguientes significados:

Lie (lay/lain):

-Acostarse, recostarse, tirarse:

The dog **is lying** on the rug./ El perro **está tirado** sobre la alfombra.

You need to **lie** in bed. / Debes **acostarte** en la cama.

It was so cold that we **lay** in front of the fire.
Hacía tanto frío **que nos recostamos** frente al fuego.

Lie (lied/lied):

-Mentir: I think he **lied** about his age. / Creo que **mintió** acerca de su edad.

I don't believe you, you're **lying**. / No te creo, estás **mintiendo**.

Care (cared/cared):

-Estar interesado o preocuparse por algo:

I don't **care** about his answers.
No me **interesan** sus respuestas.

I don't **care** what color you choose.
No me **importa** el color que elijas.

Who **cares?** / ¿A quién le **importa?**

Estudiemos algunos **verbos compuestos** muy comunes con **care** y **lie**:

Care

Care for:
- cuidar a alguien o algo
He **cared for** the dog until
its wound healed.
Cuidó de su perro hasta que la herida se curó.

- importar alguien o algo:
I don't think she **cares for** him.
No creo que a ella **le importe** él.

Lie

Lie down: acostarse
I have a headache, I think I'll
lie down for a while.
Me duele la cabeza, creo que
me voy a **acostar** un rato.

Lie behind: haber detrás
I don't know what **lies behind** his words.
No sé que **hay detrás** de sus palabras.

Lie back: recostarse
The child **lay back** on his mother's
chest and fell asleep.
El niño se **recostó** sobre el pecho de su
madre y se durmió.

Aprendamos otras expresiones con **get** (ver Unit 1):

Get

Get over: recuperarse de una enfermedad
o un hecho que te ha causado daño

I'm not very well, I'm still
getting over the flu.
No estoy muy bien, todavía me
estoy **recuperando** de la gripe.

She hasn't **gotten over** her
husband's death yet.
Todavía no **se recuperó** de
la muerte de su marido.

Learning Tips

En las farmacias encontrarás folletos
con información sobre temas de salud.
Estos folletos suelen estar en los dos
idiomas: inglés y español. Para mejorar
tu vocabulario y expresiones sobre temas
médicos, es muy útil practicar con estos
materiales
informativos, donde
ni siquiera vas a
tener que buscar en
el diccionario, pues
la traducción está
incluida.

Expanding your vocabulary
Aumenta tu vocabulario

Minor health problems
/ Problemas menores de salud

Aches and pains: Dolores.
Animal bite: Mordedura de animal.

Asthma: Asma.

Back pain: Dolor de espalda.
Black eye: Ojo negro.

Bleeding: Hemorragia.
Blister: Ampolla.
Blood Pressure: Presión sanguínea.

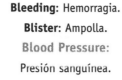

Bruise: Moretón.
Burn: Quemadura.
Choking: Asfixia.
Cold: Resfriado.
Cough: Tos.
Chest pain: Dolor de pecho.

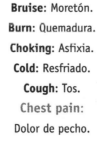

Cut: Corte.
Electrical shock: Shock eléctrico.
Fainting: Desmayo.

Fever: Fiebre.

Flu: Gripe.

Fractures: Fracturas.
Frostbite: Congelación.
Gastroenteritis:
Gastroenteritis.

Heatstroke:
Golpe de calor.
Hypothermia:
Hipotermia.
Insect bites and stings: Picadura de insectos.

Menstrual Pain:
Dolor menstrual.
Migraine: Migraña.
Muscular ache:
Dolor muscular.
Nasal congestion:

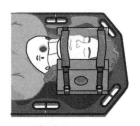

Head trauma:
Traumatismo de cráneo.

Congestión nasal.
Nausea: Náuseas.
Nosebleeds:
Hemorragias nasales.
Poisoning:
Envenenamiento.
Scar: Cicatriz.
Scrapes: Rasguños.

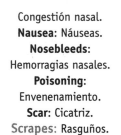

Sore throat:
Dolor de garganta.
Spinal injury:
Lesión en la columna.
Stroke:
Derrame cerebral.
Sunburn:
Quemadura de sol.
Sprain: Esguince.

Headache:
Dolor de cabeza.
Heart attack:
Ataque al corazón.

Toothache:
Dolor de muelas.
Urinary Pain:
Dolor urinario.
Wart: Verruga.

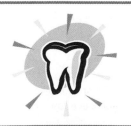

First aid kit / Botiquín de primeros auxilios

Cream: Crema.

Drops: Gotas

Enema: Enema.

Eye drops: Gotas oculares.

Adhesive bandages: Vendas adhesivas.

Antacids: Antiácidos.

Antibiotics: Antibióticos.

Anti-diarrheal: Antidiarreicos.

Anti-itch: Antipruriginoso.

Antiseptics: Antiséptico.

Aspirin: Aspirina.

Bandages: Vendas.

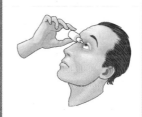

Gauze: Gasa.

Gel: Gel.

Glucose: Glucosa

Laxative: Laxante.

Lotion: Loción.

Medical tape: Cinta adhesiva.

Nasal drops: Gotas nasales.

Pain relief: Medicamento para aliviar el dolor.

Pill: Píldora.

Splints: Férula.

Spray: Aerosol.

Syrup: Jarabe.

Thermometer: Termómetro

Let's practice Practiquemos

Las respuestas (Key) están al pie de la página.

A. Elige la expresión que corresponda para cada oración y colócala en la forma adecuada.

we'll see
guinea pig
earn some
brownie points
to be honest
have seen better days
stick your neck up

1) She created a wonderful design for the website. I think she _____ with the boss.

2) Well, _____, I didn't like the movie at all.

3) Thank you very much! You really _____ _____ for me by talking with the teacher.

4) Well, I think I'm her_____. She tries every new hairstyle on me!

5) I guess these shoes _____. I can't even tell if they're black or brown.

6) I think we've done a great job. Now, he has to look over it. _____.

B. Elige la frase verbal o verbo que corresponda para reemplazar a la expresión en **negrita**:

1) She told me she doesn't **like** him because he talks about himself all the time.
a-care for   b-care about   c-care

2) I don't feel very well, I think I'll **go to bed and rest** for a while.
a-lie behind   b-lie down   c-lie

3) He caught the flu and stayed in bed for a week, but yesterday he **was better**:
a-got over his illness   b-got up his illness
c-got down his illness

4) He's **not telling the truth** about the accident.
a-lying behind   b-caring for   c-lying

5) My boss **doesn't pay attention to** what we suggest.
a-care about   b-care for   c-care

C. Completa cada oración con la palabra adecuada:

sunburn
antibiotics
nasal congestion
nausea
sprain
eye drops
cough syrup
thermometer

1) If you cannot breathe very well you might have _____.

2) If you're in the first trimester of your pregnancy, you may have _____.

3) If you have a strong pain in your ankle, you may have a _____.

4) If you spent many hours in the sun, you may be suffering from a _____.

5) If you have a fever, the doctor might prescribe some _____.

6) If your eyes are dry, you may need some _____.

7) If your child is coughing a lot, he may need _____.

8) To check your temperature you need a _____.

Key A. 1-earned some brownie points, 2-To be honest, 3-stuck your neck out, 4-guinea pig 5-have seen better times, 6-We'll see. / B. 1-a, 2-b, 3-a, 4-c, 5-a / C. 1-nasal congestion, 2-nausea 3-sprain, 4-sunburn, 5-antibiotics, 6-eye drops, 7-cough syrup, 8-thermometer.

¡Escucha los audios en la web!

UNIT 23
At the supermarket
En el supermercado

Alyson y Esteban van al supermercado y compran también comida para Tom.

Alyson: Thank you for coming with me to the supermarket.

Esteban: I want to help you, and I want to get some things for Tom too.

A: Yes, he can't do anything by himself yet, and his girlfriend isn't too much help.

E: I really can't understand why he's still with her. He knows she doesn't love him. She only loves herself. She's too self-centered. She always wants **to take center stage.** I know someone who would make a much better match for him.

A: Oh, yeah, I'm sure. Come on, I **drew up** a long list of things I need. There's no time to waste. Can we **pass by** the produce section first?

E: **Go ahead.**

A: I have to get some tomatoes, carrots, lettuce, apples, pears... We could get some fruit for Tom... What kind of food does Tom like? ▶

E: Well, **off the top of my head**, I'd say meat. Let's **check out** the meat section. We could get some beef, sausages, bacon...

A: Hey, too much fat may clog your arteries. Let's buy some fish, too.

E: Remember Tom was hit in the head, he's not a cardiac patient...

A: Let me check off my list: let's see, we could **stop by** the bakery. Charlie loves chocolate chip cookies...

E: What about coffee?

A: I'm trying to cut down on coffee. Maybe some tea... Look! Last Friday I **searched high and low** for this brand of tea, and now that I bought another, the shelf is full!

E: At least let me buy some wine. Here, this red wine is spectacular. I'll take a bottle for Tom too.

A: I wanted some crayons for Charlie, but they **sold out** of them. When there's a special offer, people **snap** those items **up** in an hour! OK, let's go to the check out counter!

E: Yeah, let's **call it quits**!

Alyson: Gracias por venir conmigo al supermercado.

Esteban: Quiero ayudarte, y también comprar algunas cosas para Tom.

A: Sí, el todavía no puede hacer todo por sí solo, y su novia no ayuda demasiado.

E: Realmente no logro entender por qué sigue con ella. Él sabe que ella no lo ama. Ella sólo se ama a sí misma. Es demasiado egocéntrica. Siempre quiere **ser el centro de atención**. Conozco a alguien que haría mucho mejor pareja con él.

A: Ah, sí, no me cabe la menor duda. Vamos, **preparé** una larga lista de cosas que necesito. No hay tiempo que perder. ¿Podemos **pasar por** la sección de productos frescos, primero?

E: **Adelante.**

A: Tengo que comprar algunos tomates, zanahorias, lechuga, manzanas, peras... Podríamos comprar algo de fruta para Tom... ¿Qué clase de comida le gusta?

E: Bueno, **lo primero que se me ocurre** es carne. **Pasemos a ver qué hay** en la sección

Life in the US

Para los hispanos es normal saludar en todos los lugares. En Estados Unidos las personas no están acostumbradas a saludar en los lugares públicos, como por ejemplo, en las oficinas medicas o en los elevadores. En una ciudad grande, donde todo el mundo va acelerado y como loco, es posible que nadie te salude. No lo tomes a mal, es sólo parte de la cultura.

de la carne. Podríamos comprar un poco de carne vacuna, salchichas, tocino...

A: ¡Oye, tanta grasa puede tapar tus arterias! Compremos algo de pescado también.

E: Recuerda que a Tom lo golpearon en la cabeza, no es un paciente cardíaco...

A: Déjame marcar en mi lista: veamos, **podríamos pasar por** la panadería. A Charlie le encantan las galletas con chips de chocolate...

E: ¿Y café?

A: Estoy tratando de tomar menos café. Quizás algo de té... ¡Mira! El viernes pasado

busqué por todos lados esta marca de té, y ahora que compré otra, la estantería está llena.

E: Por lo menos déjame comprar vino. Acá está, este vino tinto es excelente. Le llevaré una botella a Tom también.

A: Yo quería unos crayones para Charlie, pero los **vendieron todos**. Cuando hay alguna oferta especial, la gente **se lleva todos** los productos en una hora. Listo, vayamos a la caja.

E: Sí, ¡**terminemos de una vez** con esto!

Let's speak English
Hablemos en inglés

¡Escucha los audios en la web!

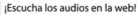

 1 Esta expresión se usa cuando alguien quiere ser **el centro de atención**:

She always wants **to take center stage** at all the parties.

Ella siempre quiere ser el **centro de atención** de todas las fiestas.

 2 Esta expresión la usas para decir que **has buscado mucho algo**:

I've searched high and low for my cell phone and I can't find it!

¡Busqué mi celular **por todos lados** y no puedo encontrarlo!

3 Cuando quieres **terminar de hacer algo que ya habías empezado**, puedes usar esta expresión:

Let's **call it quits!** We'll continue studying tomorrow.
¡Terminemos de una vez! Continuaremos estudiando mañana.

Cuando quieres **terminar rápido una actividad antes de empezarla** puedes usar esta otra frase:

Let's get over with this, I have the meeting in one hour.
Terminemos con esto de una vez, tengo una reunión en una hora.

4 Fíjate en esta manera informal de **dar permiso**:

- Can I take a look at those watches?
- **Go ahead.**

- ¿Puedo mirar esos relojes?
- Adelante.

- May I use the phone, please?
- Sure, **go ahead**.

- ¿Puedo usar el teléfono?
- Por supuesto, adelante.

5 Cuando **adivinas** algo, puedes usar las siguientes expresiones:

I don't know exactly how much it costs, but **just off the top of my head** I'd say $300.
No sé exactamente cuánto cuesta, pero **por decir algo**, debe de costar $300.

Knowing my brother, I think he'll love the idea.
Conociéndolo a mi hermano, creo que le va a encantar la idea.

If I had to take a guess, I'd say they're going to lose the match.
Si tuviera que adivinar, diría que van a perder el partido.

¡Escucha los audios en la web!

Verbs and multi-word verbs *Verbos y verbos compuestos* (Consulta los Apuntes de gramática)

-Estos verbos tienen, básicamente, los siguientes significados:

Draw (drew/drawn):

-Dibujar: The little girl **was drawing** a picture of her family.
La niña estaba **dibujando** a su familia.

-Moverse en una determinada dirección, especialmente en un vehículo:
The train **drew into** the station and stopped.
El tren **entró** en la estación y se detuvo.

-Acercarse (junto con closer/ nearer):
When the car **drew** closer, I could see the driver.
Cuando el auto **se acercó**, pude ver al conductor.

As her wedding **draws nearer**, she's getting more anxious.
A medida que **se acerca** su boda, se está volviendo más ansiosa.

Stop (stopped/stopped):

-Parar, detener, dejar de.

Did it **stop** raining? / ¿**Paró** de llover?

He **stopped** the car and rushed out of it.
Él **detuvo** el auto y salió corriendo de él.

Could you **stop** talking like that? / ¿Podrías **dejar** de hablar así?

Sell (sold/sold):

-Vender: They **sold** their house at a very good price.
Ellos **vendieron** su casa a muy buen precio.

This shop **sells** high quality sportswear.
Esta tienda **vende** ropa deportiva de gran calidad.

Snap (snapped/snapped):

-Hacer un sonido corto, chasquear los dedos:

He **snapped** his fingers while he was humming the song.
Él **chasqueó** los dedos mientras tarareaba la canción.

I **snapped** my purse shut. / **Cerré** mi cartera **con un chasquido**.

Estudiemos algunos
verbos compuestos
muy comunes con **draw,
stop, snap** y **sell**:

Stop

Stop by: hacer una pausa o pasar por un lugar por un corto período

I just **stopped by** to say hello.
Sólo **pasé** para saludar.

Draw

Draw up: redactar, preparar por escrito una lista o un documento

The lawyer is **drawing up** the contract.
El abogado está **redactando** el contrato.

Snap

Snap up: comprar hasta que se agote
Teenagers **snapped up** her new CD.
Los adolescentes **compraron** su nuevo CD **hasta que se agotó**.

Sell

Sell out: vender todos, agotar

The tickets for the concert **sold out** in two hours.
Las entradas para el concierto se vendieron en una hora.

Aprendamos otras expresiones con **pass** (ver Unit 14) y **check** (ver Unit 18):

Learning Tips

Todos los periodicos en su edicion del domingo traen un montón de insertos publicitarios de las cadenas comerciales y tiendas departamentales.
Hojea algunos de estos folletos y mejora tu vocabulario de artículos de ropa viendo cómo se llaman y escriben las distintas prendas anunciadas.
¡Fácil y divertido!

Pass

Pass by: pasar por un lugar sin detenerse demasiado

I'd like to **pass by** the video store to see if there's anything new.
Me gustaría pasar por la tienda de videos para ver si hay algo nuevo.

Check

Check out: investigar, pasar a mirar

Let's **check out** the new mall on Liberty Avenue.
Pasemos a mirar el nuevo centro comercial en la avenida Liberty.

Expanding your vocabulary
Aumenta tu vocabulario

The supermarket
/ El supermercado

Fruit / Las frutas

Almonds. Almendras.
Apricot: Damasco.
Apple: Manzana.

Avocado: Palta.
Banana: Plátano.
Blackberry: Zarzamora.

Chesnut: Castaña.
Coconut: Coco.
Cherry: Cereza.

Grape: Uva.
Hazelnut: Avellana.
Lemon: Limón.

Mango: Mango.
Melon: Melón.
Orange: Naranja.

Plum: Ciruela.
Raspberry: Frambuesa.
Strawberry: Fresa.

Peach: Melocotón.
Pear: Pera.
Pineapple: Piña.

Watermelon: Sandía.
Tangerine: Mandarina.
Walnut: Nuez.

Vegetables / Verduras

Artichoke: Alcachofa.
Asparagus: Espárragos.
Brussel sprouts: Repollitos de Bruselas.

Carrot: Zanahoria.
Cabbage: Repollo.
Celery: Apio.

Chili: Ají picante, chile.
Cucumber: Pepino.

Pea: Arveja.
Potato: Papa.
Pepper: Pimiento.

Sweet potato: Batata.
Tomato: Tomate.

Garlic: Ajo.
Lettuce: Lechuga.
Onion: Cebolla.

Pumpkin: Calabaza.
String beans: Chauchas.

Meat / Carne

Beef: Carne vacuna.
Chicken: Pollo.
Lamb: Cordero.

Fish: Pescado.
Pork: Cerdo.
Duck: Pato.

Bacon: Tocino.
Turkey: Pavo.

Bakery / Panadería

Bread: Pan.
White bread: Pan blanco.
Whole wheat bread: Pan integral.

Pancake: Panqueques.
Bagel: Rosca.

Breadsticks: Grisines.
Buns: Pan para hamburguesa o perro caliente.

Rolls: Pan para sandwich.
Tarts: Tartas rellenas.

Dairy products / Productos lácteos

Cheese: Queso.
Milk: Leche.
Butter: Manteca.
Yogurt: Yogur.
Cream: Crema.

Egg: Huevo.

Groceries / Productos de almacén

Oil: Aceite.
Vinegar: Vinagre.
Sugar: Azúcar.
Salt: Sal.

Rice: Arroz.
Pasta: Pasta.

Flour: Harina.
Jelly: Jalea.

Marmalade: Mermelada.
Peanut butter: Manteca de maní.

Beverages / Bebidas

Wine: Vino.
Soda: Gaseosa.
Beer: Cerveza.

Juice: Jugo.
Bottled water: Agua mineral.

Let's practice *Practiquemos*

Las respuestas (Key) están al pie de la página.

A. Completa con la frase adecuada para cada oración.

1) He´s not very shy. (__)
2) Can I ask you a question? (__)
3) If I had to take a guess, (__)
4) We´ve been working since 8 am. (__)
5) We have to clean our apartment. (__)
6) I´ve searched high and low, (__)

a) Sure, go ahead.
b) Let's get this over with.
c) but I can't find my wallet.
d) Actually, he always wants to take center stage.
e) I'd say she's 30.
f) Let's call it quits.

B. Completa las oraciones con la explicación de la frase verbal, como en el ejemplo:

will be celebrated soon
aren't any left
just take a look
buy all the copies very quickly
go and see how it is
pay a short visit
preparing in writing

1) If the lawyers are **drawing up** a contract, they are *preparing it in writing.*

2) If you **stop by** your friend's house, you _____.

3) If you **check out** the new restaurant, you _____.

4) If all the jackets are **sold out**, then there _____.

5) If you **pass by** the produce section of the supermarket, you _____.

6) If people **snap up** her latest book, they _____.

7) If Thanksgiving Day is **drawing closer**, it _____.

C. Escribe seis alimentos que puedas encontrar en las secciones de un supermercado que están escritas en cada columna de la tabla:

Produce	Meat	Bakery	Grocery

ipc.inglesen100dias.com

Key: A. 1-d, 2-a, 3-e, 4-f, 5-b, 6-c / B. 2- pay a short visit, 3-go and see what it's like, 4-aren't any left, 5-just take a look, 6-buy all the copies very quickly, 7-will be celebrated soon / C. Las respuestas pueden variar: Ejemplos: **Produce:** Apple, mango, orange, peach, carrot, onion. **Meat:** Beef, chicken, pork, bacon, turkey, fish. **Bakery:** Milk, butter, cheese, yogurt, cream, egg. **Grocery:** Oil, vinegar, salt, flour, sugar, jelly.

¡Escucha los audios en la web!

UNIT 24

A big mistake

Un gran error

Esteban le cuenta a Alyson que
han despedido a Barbara.

Esteban: Have you heard the bad news?

Alyson: No, what news?

E: Barbara was **faired**.

A: What?

E: Well, **as far as I know**, it seems that she took advantage of the confusion **kicked off** by the holdup, and stole all the money she found in the cashier's drawer.

A: Are you sure? That **can't** be true! Oh, my God, poor Tom! How could she do something like that?

E: She'd **fallen behind** with her credit card payments. Maybe she thought she could **get away with** it.

A: I just... I can't believe it!

E: **From what I heard**, her boss is really upset. He **flew off the handle**!

A: How does he know she is guilty?

E: Apparently a customer saw her. And when the police interrogated her, first she made up a story, but then she **broke down** and confessed she'd stolen the money.

A: Poor Barbara! She's really **in a bad spot**!

E: Yeah, she really **screwed up**.

A: And what's going to happen to her now?

E: I think she's going to be charged with robbery and will have to go to trial.

A: I'm really sorry for Tom. How is he?

E: Well, you can go and find out yourself. **If I were** him, **I'd need a shoulder to cry on**!

A: Oh, come on, stop it!

Esteban: ¿Te enteraste de las malas noticias?

Alyson: No, ¿qué noticias?

E: La **despidieron** a Barbara.

A: ¿Qué?

E: Bueno, **hasta donde yo sé**, parece que aprovechó la confusión que se **originó** con el asalto y se robó todo el dinero que encontró en el cajón del cajero.

A: ¿Estás seguro? **¡No puede** ser cierto! ¡Dios mío, pobre Tom! ¿Cómo pudo ella hacer algo así?

E: Se había **atrasado** con los pagos de su tarjeta de crédito. Quizás pensó que **podía salirse con la suya.**

A: Es que... ¡No puedo creerlo!

E: **Por lo que escuché**, su jefe está muy disgustado. **¡Perdió los estribos!**

A: ¿Cómo sabe que ella es culpable?

E: Aparentemente un cliente la vio. Y cuando la policía la interrogó, al principio inventó una historia pero después **flaqueó** y confesó que había robado el dinero.

A: ¡Pobre Barbara! ¡Está **en un verdadero brete!**

E: Sí, la verdad es que **lo echó todo a perder.**

A: ¿Y qué va a pasar con ella ahora?

E: Creo que la van a acusar de robo y deberá ir a juicio.

A: Lo lamento realmente por Tom. ¿Cómo está?

E: Bueno, puedes acercarte y descubrirlo por tu cuenta. **Si yo estuviera** en su lugar, **¡necesitaría un hombro para llorar!**

A: Vamos ya, ¡no sigas con eso!

Life in the US

Existen leyes federales que prohíben la discriminación en el mundo laboral. Se llaman leyes de igualdad de oportunidades de empleo. En Estados Unidos, no está permitido hacer ningún tipo de discriminación sea por sexo, raza, religión o edad.

Let's speak English
Hablemos en inglés

¡Escucha los audios en la web!

1 Cuando **no quieres o no puedes asegurar totalmente lo que estás diciendo,** puedes usar estas expresiones:

As far as I know, he's not coming.
Hasta donde yo sé, él no viene.

From what I heard, she's the new teacher.
Por lo que escuché, ella es la nueva maestra.

2 Para expresar **condiciones que no son probables,** puedes usar esta estructura (Consulta los Apuntes de Gramática).

If I **had** enough money, I **would buy** a big house.
Si **tuviera** el dinero suficiente, me **compraría** una casa grande.

If I **were** you, I **would tell** her the truth.
Si yo **estuviera** en tu lugar, le **diría** la verdad.

3 Para **describir situaciones difíciles,** puedes usar esta expresión:

When she lost her job, she **was** really **in a bad spot.**
Cuando se quedó sin trabajo, se encontró **en un brete.**

Things have gone **from bad to worse lately.**
Las cosas han ido **de mal en peor** últimamente.

4 Para expresar **suposiciones,** puedes usar estos auxiliares en negativo (Consulta los Apuntes de Gramática):

That **can't** be her brother.
Aquel **no puede ser** su hermano.

He **couldn't** be serious!
No **debe de hablar** en serio.

They **must not** have the money.
No **deben de** tener el dinero.

He **may not** know the truth.
No **debe de saber** la verdad.

Paul **may not be** his real name.
Su nombre verdadero no debe de ser Paul.

5 Estas expresiones puedes usarlas para **expresar enojo:**

fly off the handle
get mad
drive (somebody) crazy

When he learned the news, he **flew off the handle.**
Cuando se enteró de la noticia, perdió los estribos.

My boss **got mad** at me when I asked him for a raise.
Mi jefe **se enojó muchísimo** cuando le pedí un aumento.

Please, stop that music, it's **driving me crazy.**
Por favor, apaga esa música, me está volviendo loca.

6 Cuando alguien **te ofrece consuelo en un momento difícil** puedes usar esta frase:

He was here when I **needed a shoulder to cry on** after my father's death.
Él estaba aquí cuando yo necesité un paño de lágrimas después de la muerte de mi padre.

¡Escucha los audios en la web!

Verbs and multi-word verbs *Verbos y verbos compuestos*

(Consulta los Apuntes de gramática)

-Estos verbos tienen, básicamente, los siguientes significados:

Lay (laid/laid):

-Poner, colocar.

She **laid** the vase on the table.
Ella **puso** el florero sobre la mesa.

Emily **laid** her coat on the chair.
Emily **puso** su abrigo sobre la silla.

I'd like to **lay** this rug in my bedroom.
Me gustaría **poner** esta alfombra en mi cuarto.

Kick (kicked/kicked):

-Patear.

He **kicked** the ball so hard it went out of the field.
Pateó la pelota con tanta fuerza, que salió del campo de juego.

The little girl shouted when her brother **kicked** her.
La niñita gritó cuando su hermano la **pateó.**

Screw (screwed/screwed):

-Atornillar, enroscar.

He **screwed** the shelf to the wall.
Él **atornilló** la repisa a la pared.

You have to **screw** the lid on the jar.
Tienes que **enroscar** la tapa en el jarro.

Estudiemos algunos **verbos compuestos** muy comunes con **lay, screw** y **kick**:

Aprendamos otras expresiones con **fall** (ver Unit 14), **get** (ver Unit 1/22) y **break** (ver Unit 14):

Lay

Lay off: Despedir del trabajo (por lo general, por causas externas a la persona).

They **laid** him **off** when they bought machines to do his job.
Lo **despidieron** cuando compraron máquinas para hacer el trabajo.

Screw

Screw up: Arruinar algo o hacerle daño a alguien

I think I **screwed up**. She doesn't want to talk to me.
Creo que **lo eché todo a perder**. Ella no quiere hablar conmigo.

Her husband's death **screwed** her **up**.
La muerte de su esposo le hizo **mucho daño**.

Kick

Kick off: Comenzar.

The football game **kicked off** at 5.
El partido de fútbol **comenzó** a las 5.

The campaign **kicked off** in June.
La campaña **comenzó** en junio.

Fall

Fall behind: Atrasarse.

He had so much work that he **fell behind** with his college assignments.
Él tenía tanto trabajo que se **atrasó** con las tareas para la universidad.

I don't want to **fall behind** with my loan payments.
No quiero **atrasarme** en los pagos del préstamo.

Get

Get away with: Salirse con la suya, escapar una obligación o castigo.

He broke the window and thought he **could get away with it.**
Él rompió la ventana y pensó que iba a **salirse con la suya**.

He **won't get away with** this. He insulted me!
No va a **salirse con la suya**. ¡Me insultó!

Break

Break down: Flaquear, comenzar a llorar.

She **broke down** after arguing with him.
Comenzó a llorar después de discutir con él.

Learning Tips

Una manera muy rápida para aprender cómo se dicen las profesiones y las posiciones de trabajo en las empresas es fijarte en los anuncios clasificados de empleo de los diarios. Allí verás cómo llaman a cada actividad y empleo, a la vez que una breve descripción de lo que se pide para ese puesto. Si no conoces la palabra o no consigues entender a qué se refiere, búscala en el diccionario y memorízala. De este modo, aprenderás un amplio vocabulario referido a las profesiones y actividades laborales.

Expanding your vocabulary
Aumenta tu vocabulario

Legal language
/ Lenguaje legal

Accomplice: Cómplice.
Acquit: Absolver.
Acquittal: Absolución.
Alibi: Coartada.
Appeal: Apelación.
Appeals Court: Tribunal de apelación.

Attorney: Abogado.
Convict: Condenar.
Counsel: Abogado defensor.
Court order: Orden judicial.

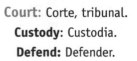

Court: Corte, tribunal.
Custody: Custodia.
Defend: Defender.

Defendant: Acusado.

Oath: Juramento.
On bail: Libertad bajo fianza.
On parole: Libertad bajo palabra.

On probation: Libertad condicional.
Plead guilty: Declararse culpable.
Plead not guilty:
Declararse inocente.
Prison: Prisión.

Evidence: Prueba.
Fine: Multar. Multa.

Guilty: Culpable.
Indictment: Acusación formal.
Innocent: Inocente.
Jail: Cárcel.
Jury: Jurado.

Prosecute: Procesar.
Punishment: Castigo.
Sentence: Pronunciar sentencia.

ipc.inglesen100dias.com · EXPANDING YOUR VOCABULARY |

Summons: Citación.
Supreme Court: Suprema corte.

Serve a sentence:
Cumplir una condena.
Statement: Declaración.

Trial: Juicio.
Witness: Testigo.

Suspect: Sospechoso.
Testimony: Testimonio.

Let's practice
Practiquemos

Las respuestas **(Key)** están
al pie de la próxima página.

A. Elige la expresión que corresponda y colócala en el espacio en blanco.

got mad/flew off the handle

need a shoulder to cry on

as far as I know/from what I heard

from bad to worse

1) After her husband's accident, things went _____.

2) You know I'm your friend, so if you _____ _____ I'll be here for you.

3) When he took the car without permission, his father _____ _____.

4) _____, she's the new Assistant Manager.

B. Completa los espacios en blanco usando los auxiliares **can't, couldn't, must not, may not** para expresar suposiciones. Fíjate en el ejemplo:

She told me the restaurant was next to a movie theater._____*So it can't be far*_____
(So, it / be far)

1) He's dark haired and has blue eyes.

_____.

(He / be her brother)

2) But there's a hotel on 29 West Park!

_____.

(This address / be Kristen's)

3) $200 is too expensive for this pair of shoes.

_____.

(That / be the price)

4) He bought a Mercedes? You've got to be joking!

_____.

(You / be serious)

C. Completa estas oraciones con un final que tenga sentido usando las palabras de la lista. La primera te sirve de ejemplo:

big house	my friend
Rome	Laura
yes	more books

1) If I were rich, I _**would buy** a big house_.

2) If they had time, they_____

_____.

3) If I traveled to Europe, I _____

_____.

4) If he asked her out, she_____

_____.

5) If I needed help, I _____.

D. Completa con el vocabulario legal adecuado.

defendant	trial
fine	released
witness	on bail

1) If you park in a forbidden area, you have to pay a _____.

2) If you pay an amount of money before trial you are_____.

3) The person accused of a crime is the _____

_____.

4) If you saw a crime or accident you are a ___

_____.

5) A legal process is called a _____

_____.

¡Escucha los audios en la web!

UNIT 25

A new house

Una casa nueva

Alyson charla con Esteban sobre su nueva casa.

Alyson: I'm so excited! I've signed all the papers for my new house!

Esteban: At last! Congratulations! Tell me about it!

A: It's near the school. It has two bedrooms, a bathroom, a living room and a kitchen. **It may** not be very big, **but** it's cozy. And I got it for a really good price! Once I move there, maybe I'll **tear down** a wall or **put up** another. **Opportunities knock but once**, you know. And I didn't want **to miss the boat**!

E: When are you moving in?

A: **It may take a while.** First, I have to **throw away** a lot of **stuff** before leaving my parents' house. And then, I need to get some furniture.

E: Sure! **You want to feather your nest!**

A: Yeah, I have to **spruce** it **up** and then throw a party for all my friends!

E: Count me in! So now you just need to do some shopping.

A: Yes, I'd like to buy a bookshelf and a TV set...

E: ...and you will need a couch to watch TV...

A: Yeah... and some rugs...

E: What about your bed?

A: Mmm... I haven't made up my mind yet. I don't know if I should get a single or a king size. **I could go either way...**

E: Go with the king size. You'll need it soon.

A: Oh, yeah? What are you, a fortune teller?

E: Just **wait and see.** Another thing you'll need for sure is an air-conditioner. I got one last summer, and believe me, it's the best thing I've ever bought!

A: Oh! I haven't thought about that. Are they very expensive?

E: A little, but I'm a member of a shopping club, and you always find amazing offers there. I can order it for you and you can pay me back. After all, **a friend in need is a friend indeed**!

A: Well, thanks a lot!

Alyson: ¡Estoy tan contenta! ¡He firmado todos los papeles para mi nueva casa!

Esteban: ¡Por fin! ¡Felicitaciones! ¡Cuéntame cómo es!

A: Está cerca de la escuela. Tiene dos dormitorios, un baño, una sala y una cocina. **Puede no** ser muy grande, **pero** es acogedora. ¡Y la conseguí por un precio muy bueno! Una vez que me mude allí, **demoleré** una pared o **construiré** otra. **Las oportunidades no se dan dos veces**, sabes. ¡Y no **quise perderme el tren**!

E: ¿Cuándo te mudas?

A: **Puede llevar un tiempo.** Primero, tengo que **tirar** un montón de cosas antes de irme de la casa de mis padres. Y después, necesito comprar algunos muebles.

E: ¡Seguramente! **¡Quieres adornar el apartamento!**

A: Sí, tengo que **arreglarlo** y luego ¡dar una fiesta para todos mis amigos!

E: ¡Cuenta conmigo! Así que ahora necesitas hacer algunas compras.

Life in the US

Los estadounidenses celebran St. Patrick's Day el día 17 de marzo. Aunque es una celebración irlandesa, la comunidad americana exhibe paradas y muchas personas se colocan algo verde, ya sea una joya o vestimenta.
En algunas comunidades es tradicional en este día comer carne de vaca cocinada y enlatada, como también servir repollo y para tomar: ¡cerveza!.

A: Sí, me gustaría comprar una repisa y un televisor...

E: ... y necesitarás un sillón para mirar televisión...

A: Sí,... y algunas alfombras...

E: ¿Y la cama?

A: Mmm... Todavía no me he decidido. No sé si comprarme una cama de una plaza o de dos. **Me da lo mismo...**

E: Cómprate la de dos plazas. Pronto la vas a necesitar.

A: ¿Ah, sí? ¿Qué eres? ¿Un adivino?

E: **Espera y verás.** Otra cosa que necesitarás casi seguro

es un acondicionador de aire. Yo me compré uno el verano pasado, y créeme, ¡es la mejor compra que hice en mi vida!

A: Ajá, no lo había pensado. ¿Son muy caros?

E: Un poco, pero soy miembro de un club de compras, y siempre encuentras ofertas increíbles allí. Puedo pedirlo por ti, y después me pagas. Después de todo, **¡los amigos verdaderos se ven en los momentos difíciles!**

A: Bueno, ¡muchas gracias!

Let's speak English
Hablemos en inglés

¡Escucha los audios en la web!

1 Cuando quieres expresar que algo **lleva tiempo**, puedes decir:

It may take a while, but I'm going to become a doctor.

Puede llevar un tiempo, pero voy a ser médico.

2 Cuando quieres decirle a alguien que **tenga paciencia**, puedes usar esta frase:

Dan: Are you sure this is going to work?
Britney: **Wait and see.**

Dan: ¿Estás segura de que esto va a funcionar?
Britney: **Espera y verás.**

3 Cuando hablas **de amueblar y decorar tu apartamento,** puedes usar esta frase:

If you want **to feather your nest,** we can buy things at a discount store.

Si quieres **decorar tu apartamento**, podemos comprar cosas en una tienda de descuentos.

4 Estas expresiones se usan para hablar de **oportunidades:**

I'm going to accept his offer. **Opportunities knock but once!**
Voy a aceptar su oferta. ¡Las oportunidades no se dan dos veces!

I almost **missed the boat,** but I could finally talk to her about my plans.
Casi me pierdo la oportunidad, pero finalmente pude hablar con ella sobre mis planes.

I don't want **to miss the opportunity** of traveling to Europe.
No quiero perderme la oportunidad de viajar a Europa.

5 Cuando **ayudas a un amigo en un momento difícil,** puedes decir:

A friend in need is a friend indeed!
Los amigos verdaderos se ven en los momentos difíciles.

7 Para **expresar indecisión,** puedes usar esta frase:

I don't know, **I could go either way.**
No lo sé, **me da lo mismo.**

6 La palabra **stuff** se puede usar para **reemplazar,** en general, **a cualquier cosa, actividad o asunto:**

I've got a lot **of stuff** to do this weekend.
Tengo muchas **cosas** que hacer este fin de semana.

What's this **stuff?**
¿Qué es todo **esto?**

I have to buy new **stuff** for my apartment.
Tengo que comprar **cosas** nuevas para mi apartamento.

¡Escucha los audios en la web!

Verbs and multi-word verbs *Verbos y verbos compuestos*

(Consulta los Apuntes de gramática)

-Estos verbos tienen, básicamente, los siguientes significados:

Throw (threw/thrown):

-Lanzar por el aire con fuerza.

Ben **threw** the ball so hard that he smashed the window.
Ben **lanzó** la pelota con tanta fuerza, que hizo trizas la ventana.

I **threw** the newspaper onto the grass.
Arrojé el diario sobre el césped.

-Dar, organizar una fiesta.

They're going to **throw** a party for their grandpa's 80th birthday.
Van a **organizar una fiesta** para el cumpleaños 80 de su abuelo.

Tear (tore/torn):

-Rasgar, romper, cortar.

I fell down the stairs and **tore** my pants.
Me caí en la escalera y me **rompí** los pantalones.

He **tore** out some pages from the magazine.
Cortó algunas páginas de la revista.

Estudiemos algunos **verbos compuestos** muy comunes con el adjetivo **spruce** y los verbos **tear** y **throw**:

Spruce

Spruce up: Arreglar u ordenar un lugar, arreglarse una persona.

She **spruced** herself **up** for her date.
Ella se **arregló** para la cita.

They **spruced up** the room for the party.
Adornaron la sala para la fiesta.

•••••••••••••••••••••••••

Aprendamos otras expresiones con **put** (ver Unit 7):

Put

Put up: Construir.
They're going to **put up** a new sports center across the street.
Van a **construir** un nuevo centro de deportes del otro lado de la calle.

Put back: Poner en su lugar.
Could you **put** this CD **back** in the rack, please?
Podrías **poner** este CD **de vuelta** en el estante, por favor?

Put off: Postergar.
We had to **put off** our trip because I got sick.
Tuvimos que **postergar** el viaje porque me enfermé.

Tear

Tear up: Romper, rasgar, especialmente un papel o una tela.
He **tore up** the newspaper when he read the news.
Él **rompió** el diario cuando leyó las noticias.

Tear apart: Destruir una construcción.
The hurricane **tore** the houses **apart**.
El huracán **destruyó** las casas.

Throw

Throw away/out: Tirar a la basura, deshacerse de algo.
He **threw away** old letters.
Él **tiró** cartas viejas.
I have to **throw out** this old suitcase.
Tengo que **tirar** esta vieja maleta.

Throw up: vomitar.
The doctor asked me if my baby had **thrown up**.
El médico me preguntó si mi bebé había **vomitado**.

Learning Tips

Si quieres saber más de los términos usados sobre el clima y ampliar tu vocabulario, puedes poner la televisión en los canales del tiempo, como por ejemplo The Weather Channel y mirarlo con frecuencia. Los periodistas usan todas las expresiones populares del clima y las descripciones salen escritas en la pantalla. ¡Es una clase gratis de vocabulario! ¡Aprovéchala!

Expanding your vocabulary
Aumenta tu vocabulario

Furniture and decoration
/ Los muebles y la decoración

Bookcase: Repisa.
Carpet: Alfombra.
Ceiling fan: Ventilador de techo.

Armoire: Armario.
Attic: Ático.
Back yard: Patio de atrás.

Balcony: Balcón.
Basement: Sótano.
Bathroom: Baño.

Chair: Silla.
Ceiling: Cielorraso.
Chandelier: Candelero
Ceiling light: Lámpara de techo.

Bedroom: Dormitorio.
Blinds: Persianas.
Bed: Cama.

Chest of drawers: Cajonera.
Chest: Cómoda.
Closet: Ropero.

Couch / Sofa: sofá
Coffee table: Mesa de café.
Curtain: Cortina.

Deck: Balcón terraza.
Dining room: Comedor.
Dining set: Juego de comedor.

▼

Door: Puerta.
Dresser: Cómoda.
Fireplace: Hogar, estufa a leña.

▼

Front door: Puerta de entrada.
Floor: Piso.
Garden: Jardín.

Living Room: Sala.
Loveseat: Sillón de dos cuerpos.
Light fixtures: Lámparas de techo.

▼

Kitchen: Cocina.
Lamp: Lámpara.
Lawn: Césped.

Mirror: Espejo.
Nightstand: Mesita de noche.
Rocker: Mecedora.

Stool: Banqueta.
Staircase: Escalera.
Swimming pool: Piscina.

Roof: Techo.
Rug: Alfombra.
Table: Mesa.

Window: Ventana.
Terrace: Terraza.
Wall: Pared.

Let's practice
Practiquemos

*Las respuestas (Key) están
al pie de la próxima página.*

A. Elige la frase que tenga el mismo significado que la expresión **en negrita** y coloca la letra entre los paréntesis:

a) **wait and see**
b) **feather my nest**
c) **stuff**
d) **it may take a while**
e) **I could go either way**

1) I don't know whether to buy a brown or a grey couch. **I like both colors.** (___)

2) Harry: How do you know she's going to get mad?
Steve: **You'll see when she comes.** (___)

3) I bought everything I needed to make the cake: flour, butter, eggs and **other things.** (___)

4) **It´s not going to happen in a short time**, but she'll be my girlfriend. (___)

5) Now that I've moved to my new apartment I want to **decorate it.** (___)

B. Completa los espacios en blanco con la frase verbal que corresponda:

1) She _____ her house for her son's birthday.
   a-spruced up   b-threw away   c-tear down

2) Before moving, I'm going to _____ all my old books.
   a-tear up   b-throw away   c-put back

3) He had to _____ his trip one week.
   a-put back   b-put off   c-throw up

4) My son is sick, he was _____ the whole night.
   a-throwing up   b-throwing out   c-throwing away

5) The big storm _____ the hotel _____.
   a-tore... up   b-tore ...apart   c-threw...away.

C. Escribe en cada columna muebles y adornos que puedan colocarse en estas habitaciones:

Bedroom	Kitchen	Living Room	Dining Room

¡Escucha los audios en la web!

UNIT 26

Back to work

De vuelta al trabajo

Tom vuelve al trabajo después de
haber pasado unos días en su
casa recuperándose.

Esteban: Welcome back!

Alyson: We're very happy to see you again at work.

E: Everybody missed you here.

Tom: It's nice to come back. I **couldn't stand** being at home **any longer**. And besides, I have to **see to it** that everything is ready for the Christmas sales, and **make sure** the suppliers send us all the clothes...

E: OK, but how are you?

T: **I'm as fit as a fiddle.** The doctor tried to **talk** me **into** staying home a couple more days but I feel great.

A: I see, you **had your way**...

T: Well, you may know by now I'm a bit hard-headed. But there's one more thing. I want to show my gratitude to you both. You **stood by** me all the time. I've bought you some presents. This is for you, Esteban.

E: What's this?

T: Open it.

E: I can't believe it! Tickets for the World Series! Thank you, man!

T: I bought three of them, **just in case** Alyson wants to come along.

E: Oh, Tom, thank you.

T: But this is a special gift for you. Please. (*Giving her a small box*).

A: Oh, my God... this necklace is **out of this world**! I can't accept this, you shouldn't have bought this.

E: If I were you, I'd take it.

T: Take it please. **If you hadn't** helped me, it **would've been** much more difficult for me. This present comes from my heart. **May** I put it on you?

A: Sure.

T: That's it! What do you think, Esteban?

E: Well, a jewel for a princess...

T: You know, the holdup was a **blessing in disguise**. It **opened my eyes** to how foolish I'd been. Alyson, I realized you're so reliable, so sweet, so down to earth...

A: Please, Tom, you are making me **tear up**!

Esteban: ¡De vuelta al trabajo! ¡Bienvenido!

Alyson: Estamos muy contentos de verte nuevamente aquí.

E: Todos te extrañamos.

Tom: Es bueno volver. **No podía soportar más** estar en mi casa. Y además, tengo que **controlar** que todo esté listo para las ventas de Navidad y **asegurarme** de que los proveedores nos envíen toda la ropa...

E: Está bien, pero ¿cómo estás?

T: Estoy **perfectamente bien**. El médico trató de **convencerme** de que me quedara unos días más, pero yo me siento muy bien.

A: Ya veo, te **saliste con la tuya.**

T: Bueno, a esta altura ya debes de saber que soy un poco cabeza dura. Pero hay una cosa más. Quiero mostrarles mi gratitud hacia ustedes dos. **Estuvieron a mi lado** siempre. Les compré unos regalos. Esto es para ti, Esteban.

E: ¿Qué es?

T: Ábrelo.

E: ¡No puedo creerlo! ¡Entradas para la World Series! ¡Gracias, amigo!

T: Compré tres, **por si acaso** Alyson quiere venir.

E: Gracias, Tom.

T: Pero este es un regalo especial para ti. Por favor. *(Entregándole una pequeña caja).*

A: Dios mío,... ¡este collar es **espectacular**! No puedo aceptarlo, no deberías de haberlo comprado.

E: Si yo estuviera en tu lugar, lo aceptaría.

T: Acéptalo, por favor. **Si no me hubieras ayudado, hubiera** sido mucho más difícil para mí. ¿**Puedo** ponértelo?

A: Por supuesto.

T: ¡Listo! ¿Esteban, qué piensas?

E: Bueno, una joya para una princesa...

T: Saben, el asalto fue **una desgracia con suerte**. Me abrió los ojos y me hizo ver lo tonto que he sido. Alyson, me di cuenta de que eres tan confiable, tan dulce, tienes los pies sobre la tierra...

A: Por favor, Tom, ¡se **me están llenando los ojos de lágrimas**!

Life in the US

Si lo que deseas es abrir tu propio negocio, en Estados Unidos contarás con muchas organizaciones que te asistirán a ello. ¡Por algo es el país de los emprendedores!.

Existen muchos planes (varían según el Estado donde estés) para ayudar a los emprendedores de nuevos negocios. La búsqueda en Internet es un manera simple y fácil de acceder a esa información. Si no puedes acceder por Internet, pregunta en tu biblioteca dónde puedes encontrar información al respecto o acude a entidades como la Administración para Pequeños Negocios (SBA) para que te orienten.

Let's speak English
Hablemos en inglés

¡Escucha los audios en la web!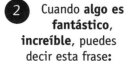

1 Para indicar que alguien **se sale con la suya**, usas esta expresión:

No matter what her mother tells her, she always **has her way.**

No importa lo que le diga su madre, ella siempre **se sale con la suya.**

2 Cuando **algo es fantástico, increíble**, puedes decir esta frase:

This hotel is **out of this world.**

Este hotel es **increíble.**

3 Cuando quieres **expresar que ya no soportas a alguien o a algo**, puedes usar esta frase:

I **can't stand** that noise!

¡No puedo soportar ese ruido!

4 Para decir que quieres **asegurarte** de algo, usas esta frase:

I have to **make sure** he locked the door.

Tengo que **asegurarme** de que cerró la puerta con llave.

Make sure you answer all the questions before handing in the test.

Asegúrate de contestar todas las preguntas antes de entregar el examen.

5 Cuando **algo o alguien te hace dar cuenta de una situación**, puedes decir:

The accident **opened my eyes** to how dangerous this highway is.

El accidente **me abrió los ojos** sobre lo peligrosa que es esta autopista.

6 Esta expresión la usas cuando **algo malo resultó ser bueno**, y puede usarse con el significado de «no hay mal que por bien no venga»:

Changing jobs was **a blessing in disguise.**
(Lit.: una bendición disfrazada)

Cambiar de trabajo resultó finalmente ser muy bueno.

7 Fíjate como expresar **una condición contraria a la realidad:**

If you hadn't come, the party **would've** been so boring!

Si no hubieras venido, ¡la fiesta hubiera sido tan aburrida!

8 Para decir que alguien **se encuentra en muy buenas condiciones físicas**, puedes usar esta frase:

He said he was **as fit as a fiddle** and ready to participate in the playoffs.

Dijo que estaba **en excelentes condiciones físicas** y listo para participar en las eliminatorias.

¡Escucha los audios en la web!

Verbs and multi-word verbs *Verbos y verbos compuestos*

(Consulta los Apuntes de gramática)

-Estos verbos tienen, básicamente, los siguientes significados:

Talk (talked/talked):

-Conversar.

They were **talking** about the trip.
Estaban **conversando** sobre el viaje.

See (saw/seen):

-Ver.　　　　　It was so foggy that I couldn't **see** the traffic light.
Había tanta niebla que no podía **ver** el semáforo.

Stand (stood/stood):

-Pararse,　　　He was **standing** in the first row.
estar de pie.　Estaba **parado** en la primera fila.

Stand up, please. / **Párense**, por favor.

Estudiemos algunos **verbos compuestos** muy comunes con **stand, see** y **talk:**

Stand

Stand by: Apoyar a alguien.
My parents **stood by** me when I lost my job.
Mis padres me **apoyaron** cuando me quedé sin trabajo.

See

See to: Encargarse de algo.
I have to reserve a room at a hotel, could you **see to** it please?
Tengo que reservar una habitación en un hotel, ¿podrías **encargarte**, por favor?

See through: Lograr terminar, continuar con algo hasta el final.
After all the difficulties to finish with my project, I finally **saw** it **through**.
Después de todas las dificultades para terminar con mi proyecto, finalmente **logré terminarlo**.

See out: Acompañar a alguien hasta la puerta.
Are you leaving? I'll **see** you **out**.
¿Te vas? Te **acompaño hasta la puerta**.

Talk

Talk into: Convencer a alguien de que haga algo.
He **talked** me **into** taking up cycling.
Me **convenció** de que empezara a practicar ciclismo.

Talk out of: Convencer a alguien de que no haga algo.
I was going to leave, but she **talked** me **out** of it.
Me iba a ir, pero me **convenció** de que me quedara.

Learning Tips

Si dispones de computadora o acceso a ella, dispondrás de una herramienta asombrosa que te servirá de profesor gratis. Escribe un texto en inglés (escuchándolo o traduciendo del español) y al terminar elige la opción de «Check Spelling and Grammar». La computadora revisará tu texto y te indicará una a una dónde hay una palabra mal escrita o un texto mal redactado gramaticalmente. ¡Es un profesor gratis en casa!

Expanding your vocabulary
Aumenta tu vocabulario

Personality and character
| Personalidad y carácter

Absent-minded: Distraído.
Aggressive: Agresivo.
Affectionate: Afectuoso.

Ambitious: Ambicioso.
Anxious: Ansioso.
Arrogant: Arrogante.

Bossy: Autoritario.
Brave: Valiente.

Candid, open: Abierto.
Carefree: Despreocupado.
Clever: Inteligente.

Competitive:
Competitivo.
Considerate: Considerado.

Control-freak:
Controlador obsesivo.
Creative: Creativo.

Cruel: Despiadado.
Determined: Resuelto.
Demanding: Exigente.

Empathetic:
Comprensivo.
Down-to-earth:
Centrado.

Easy-going: Tolerante.
Forgetful: Olvidadizo.
Generous: Generoso.

Gullible: Crédulo.
Hypocrite: Hipócrita.
Imaginative: Imaginativo.

▼

▲

Impatient: Impaciente.
Impolite: Maleducado.

Irresponsible: Irresponsable.
Indecisive: Indeciso.

▼

Kind: Amable, bondadoso.
Light-hearted: Alegre.

▼

▲

Loyal: Leal.
Outgoing: Extrovertido.

Proud: Orgulloso.
Polite: Cortés, educado.

▼

Rude: Maleducado.
Ruthless: Cruel.
Self-centered: Egocéntrico.

▼

▲

Self-confident: Seguro de sí mismo.
Self-conscious: Inseguro.

Selfish : Egoísta.
Sensible: Sensato.
Sensitive: Sensible.

▼

     · EXPANDING YOUR VOCABULARY |

Smart: Astuto, inteligente.
Shy: Tímido.

Sympathetic: Comprensivo.
Tactless: Indiscreto.

Straight-forward: Directo, frontal.
Stubborn: Terco.

Unpleasant: Antipático.

Unreliable: Poco confiable.
Vain: Presumido.

Let's practice
Practiquemos

Las respuestas **(Key)** están al pie de la próxima página.

A. Responde si las siguientes oraciones son **True** (verdaderas) o **False** (falsas) según el significado de la frase en **negrita:**

1) I **can't stand** people talking when you're watching a movie.
   You don't like it. (___)

2) I´m **as fit as a fiddle** and ready to play in the match.
   You don't feel very well. (___)

3) I didn't want to buy this car, but my wife always **has her way**.
   They bought the car she wanted. (___)

4) Being transferred to this city was **a blessing in disguise**.
   It turned out to be good after all. (___)

5) The pasta they serve at the new restaurant is **out of this world**.
   It's not very good. (___)

B. Une las mitades de las oraciones para que tengan sentido:

1) Are you leaving, so early? (__)

2) I didn't want to go to the party, (__)

3) You´re a great friend. (__)

4) He had trouble finishing his assignment, but (__)

5) She was going to cancel her trip, but (__)

6) I don't have time to call her back, (__)

a-but he talked me into it.

b-You've stood by me all the time.

c-Could you see to it, please?

d-Let me see you out, please.

e-her boyfriend talked her out of it.

f-finally he saw it through.

C. Completa estas oraciones condicionales usando las siguientes palabras entre paréntesis. Fíjate en el ejemplo: If I had finished earlier, I _would have caught the train_. (catch-train)

1) If I hadn't called her I_____
_____.
(not-know about the accident)

2) I wouldn't have gone to the match if he__
_____.
(not invite me)

3) If my sister had known the truth, she_____
_____.
(be-very happy)

4) The trip wouldn't have been so fun if you __
_____.
(not come with us)

5) If they had offered her the job, she _____
_____.
(accept it)

6) What would you have done if you_____
_____?
(win the lotto)

D. Completa las oraciones con el adjetivo que corresponda de la lista.

**down-to-earth/sensible
creative/imaginative
polite
impatient/anxious
forgetful/absent minded
sensitive/empathetic**

1) Someone who always forgets things is
_____.

2) Someone who can't wait for a long time is
_____.

3) Someone who has a lot of common sense is
_____.

4) Someone who has very good manners is ____
_____.

5) Someone who has a lot of imagination is __
_____.

6) Someone who is affected by other people's suffering is _____.

UNIT 27

News from Mexico

Noticias desde México

Alyson les muestra a Tom y a Esteban las artesanías que le envió su tío desde México y, también, fotos de su familia.

Alyson: Hi, guys! The mail from Mexico has arrived! This is the package my uncle sent me. Let's see what's in the box.

Tom: Your uncle is a craftsman, **isn't he?**

A: Yes, he makes wonderful sculptures. I've always **looked up to** him. I **used to** spend hours watching him while he was making the scuptures. Look! **Isn't that something?**

T: Wow, **how about that!** What are they exactly?

A: They're small obsidian statues representing Mexican mythological gods. Obsidian is a dark green rock from Central America.

Esteban: And those are the photos of your family, **aren't they?**

A: Yeah, I'm going to show you in a minute. Here... (*Handing them over to Tom*)

T: Who's this woman with long braids?

A: That's my grandma. I **used to** spend my summer vacations with her. She's very warm and patient. And the one **blowing out** the candles is my grandpa, Carlos. I **named** Charlie **after** him.

T: I guess this girl is your cousin, **isn't she?**

A: How did you know?

T: She looks a lot like you, with the same big brown eyes, the dark hair, and the pretty smile. Who do you **take after?**

A: My mother's side of the family, I guess.

E: And you Tom? Do you have any photos of your parents?

T: Oh, yes. I always carry this one in my wallet. Take a look, this woman with blond hair and blue eyes is my mother.

A: She's a beautiful woman.

T: Yes, she was, and very kind too. She passed away a few years ago.

A: Oh, I'm sorry, I didn't know that. You must miss her a lot.

▶

▶

T: Well, yes, actually. And this man with glasses is my father. He's very funny and has a great sense of humor. He moved to the West coast a couple of years ago. He always asks me «Hey, Tom, when are you going to find a wife and **settle down**?»

A: Esteban, you didn't show us a single photo.

E: That's because I don't have any with me here. Come over for dinner on Sunday and I'll show you my Salvadorean family's photos.

T: That sounds good. Maybe you'll prepare one of your famous barbecues for us.

E: Why not?

Life in the US

En Estados Unidos, la mayoría de los negocios requieren la obtención de permisos o licencias para ejercer la actividad, como es el caso de restaurantes, salones de belleza, plomeros, etc. Prácticamente todas las actividades están vinculadas a permisos que otorgan los condados o el Estado. Para saber qué requerimientos existen para cada actividad, lo mejor es acudir al City Council o gobierno de la ciudad para que te indiquen los pasos que hay que seguir.

Alyson: ¡Hola amigos! ¡Llegó el correo desde México! Este es el paquete que me envió mi tío. Veamos que hay dentro de la caja.

Tom: Tu tío es artesano, **¿verdad?**

A: Sí, hace esculturas maravillosas. Siempre lo he **admirado. Solía** pasarme horas observándolo mientras hacía las esculturas. ¡Miren! **¿No son increíbles?**

T: ¡Guau, **qué fantásticas!** ¿Qué son exactamente?

A: Son pequeñas estatuas de obsidiana que representan a dioses mitológicos mexicanos. La obsidiana es una roca verde oscuro originaria de América Central.

Esteban: Y esas son fotos de tu familia, **¿verdad?**

A: Sí, se las muestro en un minuto. Aquí tienen. (*Alcanzándoselas a Tom*)

T: ¿Quién es esa mujer con trenzas largas?

A: Es mi abuela. Yo **solía** pasar mis vacaciones de verano con ella. Es muy cálida y paciente. Y el que está **soplando** las velas es mi abuelo, Carlos. Charlie **se llama así por él.**

T: Me imagino que esta muchacha es tu prima, **¿verdad?**

A: ¿Cómo lo supiste?

T: Se parece mucho a ti, con los mismos ojos grandes y marrones, el cabello oscuro, y la hermosa sonrisa. ¿A quién te **pareces?**

A: Creo que a la familia de mi madre.

E: ¿Y tú, Tom? ¿Tienes alguna foto de tus padres?

T: Sí, claro. Siempre llevo esta en mi billetera. Mírala, esta mujer con pelo rubio y ojos azules es mi madre.

A: Es una mujer hermosa.

T: Sí, era hermosa, y muy bondadosa también. Murió hace algunos años.

A: Ah, lo lamento. No lo sabía. Debes de extrañarla mucho.

T: En realidad, sí. Y este hombre con anteojos es mi padre. Es muy divertido y tiene un gran sentido del humor. Se mudó a la costa oeste hace unos años. Siempre me pregunta «Oye, Tom, ¿cuándo vas a encontrar una esposa y **sentar cabeza?**»

A: Esteban, no nos mostraste una sola foto.

E: Porque acá no tengo ninguna. Vengan a cenar a mi casa el domingo, y les mostraré fotos de mi familia salvadoreña.

T: ¡Muy buena idea! A lo mejor, preparas unas de tus famosas barbacoas.

E: ¿Por qué no?

Let's speak English
Hablemos en inglés

¡Escucha los audios en la web!

1 Para demostrar que **algo te impresiona**, puedes usar estas frases:

- He won the first prize in the swimming competition.
- **How about that!**

- Él ganó el primer premio en la prueba de natación.
- ¡Qué fantástico!

- My sister painted this picture.
- **Isn't that something.**

- Mi hermana pintó este cuadro.
- ¡Qué increíble!

- She wrote her first novel when she was 15.
- **Quite impressive!**

- Ella escribió su primera novela cuando tenía 15 años.
- ¡Qué impresionante!

2 Para hablar sobre **hábitos que tenías en el pasado**, usas **use to** en pasado (Consulta los Apuntes de gramática):

I **used to** smoke 20 cigarettes a day when I was younger.

Yo **solía** fumar 20 cigarrillos por día cuando era más joven.

She **used to** go jogging in the mornings last year.

Ella **solía** ir a correr a la mañana el año pasado.

3 Para que la persona con la que estás hablando **confirme** algo que has dicho, lo haces de la siguiente manera (Consulta los Apuntes de gramática):

This is your uncle, **isn't it?**
Este es tu tío, ¿verdad?

You're tired, **aren't you?**
Estas cansada, ¿verdad?

You don't like chocolate, **do you?**
No te gusta el chocolate, ¿verdad?

He travels very often, **doesn't he?**
Él viaja muy a menudo, ¿verdad?

You were born in Venezuela, **weren't you?**
Tú naciste en Venezuela, ¿verdad?

The car wasn't moving very fast, **was it?**
El auto no estaba avanzando muy rápido, ¿verdad?

They have a child, **don't they?**
Ellos tienen un hijo ¿verdad?

I didn't **use to** travel a lot in my previous job.

Yo no **solía** viajar mucho en mi trabajo anterior.

We **used to** go jogging in the park every Saturday.

Solíamos ir a correr al parque todos los sábados.

-Estos verbos tienen, básicamente, los siguientes significados:

Blow (blew/blown):

-Soplar. The wind started **blowing** very hard.

El viento comenzó a **soplar** muy fuertemente.

He has a bad cold. He spent the whole day sneezing and **blowing** his nose.

Él tiene un resfrío muy fuerte. Se pasó todo el día estornudando y **soplándose** la nariz.

Name (named/named):

-Llamar, nombrar, designar.

They **named** the restaurant «Blue Moon».

Ellos **llamaron** al restaurante «Blue Moon».

The president has to **name** a new minister.

El presidente tiene que **nombrar** a un nuevo ministro.

Settle (settled/settled):

-Ponerse cómodo. He **settled back** on the couch and fell asleep.

Él se **recostó** sobre el sillón y se quedó dormido.

I never really **settled** into that apartment.

Nunca me **sentí cómodo** en ese apartamento.

-Solucionar, hacer desaparecer las diferencias.

We **settled** our differences and continued with the project.

Solucionamos nuestras diferencias y continuamos con el proyecto.

-Establecerse en un lugar.

They **settled** on a farm near the mountains.

Se **establecieron** en una granja cerca de las montañas.

Estudiemos algunos **verbos compuestos** muy comunes con **blow**, **name** y **settle**:

Blow

Blow up:
-Explotar.
The bomb blew up before the police arrived.
La bomba explotó antes de que llegara la policía.

-Hacer explotar, volar.
The engineers blew up the old bridge.
Los ingenieros hicieron volar el viejo puente.

-Enojarse repentinamente, perder los estribos.
When I told him I had lost the key, he blew up at me.
Cuando le dije que había perdido la llave, perdió los estribos.

-Inflar.
I spent two hours blowing up balloons for my little brother.
Me pasé dos horas inflando globos para mi hermanito.

Blow out: Soplar, apagar.
The wind blew out the candles.
El viento apagó las velas.

Name

Name after: Ponerle a alguien el nombre de un familiar.
I was named after my mother.
Me pusieron el nombre de mi madre.

Settle

Settle down:
-Calmarse.
The students found it difficult to settle down after recess.
A los estudiantes se les hizo difícil calmarse después del receso.

-Comportarse como un adulto
Someday I'll be ready to settle down with a wife and kids.
Algún día estaré listo para sentar cabeza con una mujer e hijos.

Settle up: Pagar las deudas.
I settled up my debt with the lawyer.
Pagué mis deudas con el abogado.

● ●

Learning Tips

Leer periódicos y revistas es otra manera muy sencilla con la que puedes familiarizarte con el idioma inglés. Los hay más populares, que incluyen las palabras y expresiones más usadas en el lenguaje cotidiano. Estos son los que te recomendamos leer por ahora. Más adelante ya leerás diarios o revistas que usan un inglés más complejo. Te sugerimos leer entrevistas, pues es una manera de ver en la práctica el uso de los diálogos. Elige las secciones del diario o revista que más te interesen, sea deportes, espectáculos, etc. Lo importante es que el tema sobre el que estás leyendo te interese para que te sea más fácil practicar este truco de aprendizaje. Fácil, ¿no?

Aprendamos otras expresiones con **look** (ver Unit 4/12/15) y **take** (ver Unit 7/13/14/18):

Look

Look up to: Admirar.
I've always looked up to people who can play an instrument.
Siempre he admirado a la gente que puede tocar un instrumento.

Take

Take after: Parecerse a uno de los padres o a un familiar.
I think you take after your father.
Creo que te pareces a tu padre.

Expanding your vocabulary
Aumenta tu vocabulario

The family
/ La familia

Aunt: Tía.
Brother: Hermano.
Cousin: Prima, primo.
Daughter: hija.
Mother: Madre.
Son: hijo.
Father: Padre.
Granddaughter: Nieta.

Mother in law: Suegra.
Brother in law: Cuñado.
Sister in law: Cuñada.
Nephew: Sobrino.
Niece: Sobrina.
Sister: Hermana.
Uncle: Tío.
Husband: Esposo
Wife: Esposa.

Grandfather/Grandpa: Abuelo.
Grandmother/Grandma: Abuela.
Grandson: Nieto.
Granddaughter: Nieta
Great-granddaughter: Bisnieta.
Great-grandfather: Bisabuelo.
Great-grandmother: Bisabuela.
Great-grandson: Bisnieto.
In-Laws: Parientes políticos.
Father in law: Suegro.

The face / La cara

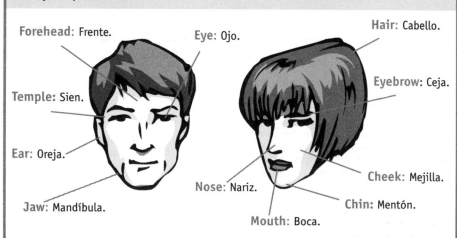

Forehead: Frente.
Eye: Ojo.
Hair: Cabello.
Temple: Sien.
Eyebrow: Ceja.
Ear: Oreja.
Cheek: Mejilla.
Nose: Nariz.
Jaw: Mandíbula.
Chin: Mentón.
Mouth: Boca.

Beard: Barba.
Eyelashes: Pestañas.
Face: Cara.
Moustache: Bigote.

Nostrils: Fosas nasales.
Sideburn: Patilla.
Skull: Cráneo.

Teeth: Dientes.
Tooth: Diente, muela.
Throat: Garganta.
Tongue: Lengua.

The body / El cuerpo

Arm: Brazo.
Back: Espalda.
Bottom: Trasero.
Breast: Seno.
Elbow: Codo.
Forearm: Antebrazo.
Hand: Mano.
Abdomen: Vientre.
Buttock: Nalga.
Calf: Pantorrilla.
Chest: Pecho.
Ankle: Tobillo.
Finger: Dedo de la mano.
Feet: Pies.
Foot: Pie.

Neck: Cuello.
Shoulder: Hombro.
Torso: Torso.
Trunk: Tronco.
Wrist: Muñeca.
Waist: Cintura.
Hip: Cadera.
Thigh: Muslo.
Leg: Pierna.
Palm: Palma.
Pelvis: Pelvis.
Knee: Rodilla.
Sex organs: Genitales.
Sole: Planta del pie.
Toe: Dedo del pie.

Physical Descriptions / Descripciones físicas

Average height: Altura media.
Bald: Calvo.
Black: Negro.
Blond/blonde: Rubio/rubia.
Dark: Oscuro.
Curly: Enrulado.
Brown: Castaño

Dark skin: Piel oscura.
Fair skin: Piel clara.
Fair: Rubio.
Freckles: Pecas.
Gray: Gris.
Heavy: Gordo.
Light brown: Castaño claro.
Long: Largo.
Obese: Obeso.

Pale: Pálido.
Red haired: Pelirrojo.
Short: Corto.
Skinny: Muy flaco.
Slim: Delgado.
Stocky: Robusto.
Straight: Lacio.
Thin: Flaco.
Wavy: Ondulado.

Let's practice Practiquemos

Las respuestas (Key) están
al pie de la página.

A. Completa con la frase de confirmación adecuada, como en el ejemplo: You prefer orange juice, **don't you?**

1) You went to Brazil last summer,_____?

2) She works at Stacey's, _____?

3) They´re coming, _____?

4) There weren't invited,_____?

5) You have a dog,_____?

6) It was raining that day, _____?

B. Completa las oraciones con la frase verbal que corresponda en el tiempo correcto.

blow out

blow up

take after

name after

settle down

look up to

1) My daughter Emily was _____my grandmother.

2) I think it's time you find a good job and _____.

3) Children love to _____the candles at their birthday parties.

4) The bomb _____when there was nobody in the building.

5) She doesn't _____any of her parents.

6) I_____old people who do a lot of different activities.

C. Completa la tabla con palabras adecuadas para cada columna.

The body	The face	Organs	Description hair	Description face

UNIT 28

The invitation

La invitación

Tom invita a Alyson a cenar. Alyson le cuenta sus temores a Esteban.

Tom: Alyson, would you like to go out for dinner tonight?

Alyson: You mean with Esteban?

T: No, just you and me.

A: Oh... er... OK I guess... that would be nice.

T: Great! Pick you up at around eight?

A: That's fine.

(Alyson is talking to Esteban about the invitation)

Esteban: Hi, Alyson! What's up? **You've got stars in your eyes!**

A: Hi, Esteban. Well... it's just that Tom **asked** me **out** on a date.

E: That's great! At last!

A: Wait, wait ... I feel like going, but I don't know...

E: Come on, **get if off your chest!**

A: It's my first date since Charlie's father **walked out on** me... It was hard for me to **carry on.** I don't know if I'm ready to get involved with somebody right now.

E: **Cross that bridge when you come to it.** Everything will be fine. **You didn't hear it from me** but Tom really likes you.

A: But then again, Barbara and he ...

E: Forget it! That story is over, because Tom broke up with her. He **put her on a pedestal** in the beginning, but when he got to know her better, she started to **show her true colors**, and he realized she wasn't a very good person. Tom's really a great guy!

A: I hope so. I wouldn't be able to cope with disappointment again.

E: You **should** stop worrying and start living. Come on!

A: OK, I'll follow your advice. What **should** I wear? I don't have anything I like!

E: Oh, women! I'm sure you have a simple dress, or a white blouse with pants. Don't **dress up.** Just **be yourself**, let him make the first move, and don't go too far on the first date. And, please, **try not to drink** too much.

▶ A: Yes, sir! **Wish me luck!**

Tom: Alyson, ¿quisieras salir a cenar esta noche?

Alyson: ¿Quieres decir, con Esteban?

T: No, sólo tú y yo.

A: Ah... eh... Podría ser,... no hay problema.

T: ¡Fantástico! ¿Te paso a buscar alrededor de las ocho?

A: Está bien.

(Alyson está conversando con Esteban sobre la invitación)

E: ¡Hola, Alyson! ¿Qué sucede? ¡Te **brillan los ojos**!

A: Hola, Esteban. Bueno,... es que Tom me **invitó** a salir.

E: ¡Fantástico! ¡Por fin!

A: Espera, espera... tengo ganas de ir, pero no lo sé...

E: ¡Vamos, **cuenta lo que te pasa**!

A: Es mi primera cita desde que el padre de Charlie me **abandonó**... Fue difícil para mí **seguir adelante**. No sé si estoy lista para tener una relación con alguien en este momento.

E: **No te adelantes a los hechos.** Todo va a salir bien. **Haz de cuenta que yo no te dije nada**, pero a Tom le gustas mucho.

A: Sí, pero después de todo, Barbara y él...

E: ¡Olvídalo! Esa historia está terminada, porque Tom la dejó. Él la **puso en un pedestal** al principio, pero cuando empezó a conocerla bien, ella comenzó a mostrar **su verdadera personalidad**, y él se dio cuenta de que no era una muy buena persona. ¡Tom es un gran tipo!

A: Eso espero. No podría afrontar otra desilusión.

E: **Deberías** dejar de preocuparte y comenzar a vivir. ¡Vamos!

A: Está bien, seguiré tu consejo. ¿Qué ropa me pongo? ¡No tengo nada que me guste!

E: ¡Ah, las mujeres! Estoy seguro de que tienes un vestido simple, o una blusa blanca con pantalones. No te **vistas demasiado elegante**. **Sé tú misma**, deja que él tome la iniciativa, y no vayas demasiado rápido en la primera cita. Y, por favor, **trata de no** beber demasiado.

A: ¡Sí, señor! ¡**Deséame suerte!**

Life in the US

Cuando se trata de conquistar a la persona que te gusta, hay que tener en cuenta que los hábitos de los americanos son distintos a los nuestros. Hay que elegir el momento oportuno para entablar el primer contacto con esa persona. Lo ideal es que alguien te pueda presentar a esa persona, no abordarla sin presentación alguna, pues el americano es desconfiado con las personas que no conoce. También ayuda el hecho de formar parte de un mismo grupo. Si lo que te interesa es conocer gente, lo mejor es apuntarte a grupos locales de actividades (deportes, música, etc.) y participar seguido en ellos.

Let's speak English
Hablemos en inglés

¡Escucha los audios en la web!

1 Esta frase significa que **no debes preocuparte por adelantado:**

I don't know what I'll do if I fail the test. I'll **cross that bridge when I come to it.**

No sé lo que haré si no apruebo el test. **No me preocuparé por adelantado.**

2 Fíjate en esta otra expresión relacionada con **estar enamorado:**

She **puts him on a pedestal** and doesn't see all the mistakes he makes.

Ella lo **pone en un pedestal** y no ve todos los errores que comete.

3 Cuando **a una persona se la ve feliz, especialmente porque está enamorada**, se puede usar esta frase:

He must be in love. He's got stars in his eyes.

Debe de estar enamorado.
Le brillan los ojos.

6 Cuando alguien **revela su verdadera personalidad**, podemos decir:

He showed his true colors by refusing to help her when she lost her job.

Él mostró su verdadera personalidad y se negó a ayudarla cuando ella perdió su trabajo.

7 Cuando le pides a alguien que cuente **algo que lo preocupa**, puedes decir:

You look worried. Come on, get it off your chest!

Te ves preocupado.
¡Vamos, cuenta lo que te pasa!

4 Cuando **das consejos**, puedes usar el auxiliar **should/shouldn't** (Consulta los Apuntes de Gramática):

I think you should see a doctor.

Creo que **deberías** ver a un médico.

What should I wear for the party?

¿Qué **debería usar** para la fiesta?

I think you shouldn't call him.

Creo que no **deberías llamarlo**.

También puedes usar el **imperativo** (Consulta los Apuntes de Gramática):

Don't drink too much!

¡No bebas tanto!

Try to be yourself.

Trata de ser tú misma.

Try not to speak too much.

Trata de no hablar mucho.

5 Para **desearle suerte a alguien o que te deseen a ti**, puedes usar estas frases:

I have a blind date. Wish me luck!

Tengo una cita a ciegas.
¡Deséame suerte!

**Jack: I have a job interview in two hours.
Mike: Break a leg!**

Jack: Tengo una entrevista de trabajo dentro de dos horas.
Mike: ¡Que tengas suerte!

**Sally: I played the lotto.
John: Cross your fingers!**

Sally: Jugué a la lotería.
John: ¡Cruza los dedos!

8 Cuando **no quieres que alguien revele lo que le estás contando**, puedes usar estas frases:

You didn't hear it from me, but she's going to accept your offer.

Haz de cuenta que yo no te dije nada, pero ella va a aceptar tu oferta.

Verbs and multi-word verbs *Verbos y verbos compuestos*

(Consulta los Apuntes de gramática)

-Estos verbos tienen, básicamente, los siguientes significados:

Walk (walked/walked):

-Caminar.

He always **walks** to work. / Él siempre **camina** a su trabajo.

Why are you **walking** so fast? / ¿Por qué estás **caminando** tan rápido?

She **walked** so quickly that I couldn't keep up with her.
Ella **caminaba** tan rápido que yo no podía seguirle el ritmo.

Carry (carried/carried):

-Llevar, transportar.

I can't **carry** this box, it's too heavy.
No puedo **llevar** esta caja, es demasiado pesada.

The cruise can **carry** 2000 people on board.
El crucero puede **transportar** a 2000 personas a bordo.

Dress (dressed/dressed):

-Vestirse.

My little daughter is learning to **dress** herself.
Mi hijita está aprendiendo a **vestirse** ella misma.

I got **dressed** in five minutes. / Me **vestí** en cinco minutos.

Estudiemos algunos **verbos compuestos** muy comunes con **walk, dress** y **carry**:

Dress

Dress up: Vestirse elegantemente para una ocasión especial.

He **dressed up** for the wedding.
Él se **vistió elegantemente** para la boda.

Walk

Walk out on (somebody): Abandonar.

He **walked out on** her when their child was 6.
Él la **abandonó** cuando su hijo tenía 6 años.

Walk out of: Retirarse antes del final.

The movie was so awful that they **walked out of** it after half an hour.
La película era tan mala que se **fueron** después de media hora.

Carry

Carry on: Continuar, especialmente después de una dificultad. Continuar hablando.

I can't **carry on** without your help.
No puedo **seguir** sin tu ayuda.

Please, **carry on**. What did she tell you?
Por favor, **continúa**. ¿Qué te dijo?

Carry out: Llevar a cabo, implementar.

This plan isn't easy to **carry out**.
Este plan no es fácil de **implementar**.

Learning Tips

Si deseas aprender el inglés para conquistar a la persona que te gusta será útil conocer las palabras que se usan en las situaciones románticas. ¿A quién no le gusta decir en ese momento íntimo lo que quiere transmitir al otro? Para practicar ese inglés romántico, no hay nada mejor que ver una película romántica o escuchar canciones de amor, y prestar atención al vocabulario empleado, tan lindo, anotando en tu libreta las palabras y frases que más te gusten.

Expanding your vocabulary
Aumenta tu vocabulario

Clothes
/ La ropa

Blouse: Blusa.
Buckle: Hebilla.
Boots: Botas.

Bathing suit:
Traje de baño (mujer).
Belt: Cinturón.

Button: Botón.
Cap: Gorra.
Cardigan: Sweater abotonado.

Coat : Abrigo.
Collar: Cuello.
Dress: Vestido.

Glasses: Anteojos.
Gloves: Guantes.

Handkerchief:
Pañuelo de bolsillo.
Hat: Sombrero.

High-heeled shoes:
Tacos altos.
Jacket: Chaqueta.

Jeans:
Pantalones de jean.
Leather jacket: Campera de cuero.
Low-heeled shoes:
Tacos bajos.

Pants: Pantalones largos.
Raincoat:
Impermeable.

Overcoat: Sobretodo.
Pajamas: Pijama.

Round-necked:
Cuello redondo.
Running shoes,
sneakers: Zapatillas.

Scarf: Bufanda.
Shirt: Camisa.

Shoes: Zapatos.
Shorts: Pantalones cortos.

Sleeve: Manga.
Slippers: Pantuflas.
Skirt: Falda.

Socks: Calcetines.
Sportswear: Ropa deportiva.

Sunglasses: Anteojos de sol.
Suit: Traje.

Sweater: Suéter.
Tie: Corbata.

Trunks: Traje de baño (hombre).
Trench coat: Gabardina.

Vest: Chaleco.
T–Shirt: Camiseta.

Tuxedo: Smoking.
V-Necked: Cuello en V.
Zippered: Con cierre.

Styles / Estilos:

Formal: Formal.
Elegant: Elegante.

Casual: Informal.

Trendy: A la moda.
Shabby: Desprolijo.

Let's practice Practiquemos

Las respuestas (Key) están al pie de la página.

A. Une las mitades de las siguientes oraciones para que tengan sentido:

1) Clive finally invited Emily to go out. (__)
2) We found out she had been lying all this time. (__)
3) If you're going to drive home, (__)
4) I don't think (__)
5) Come on! If you have a problem, (__)
6) I think she´s making a mistake by (__)
7) I have an important match today. (__)
8) You didn't hear it from me, but (__)

a) she's been laid off.
b) She had stars in her eyes!
c) try not to drink alcohol.
d) Wish me luck!
e) you should dress up.
f) She showed her true colors.
g) putting him on a pedestal.
h) get it off your chest!

B. Completa los espacios en blanco con una frase verbal adecuada:

1) That´s an interesting activity to_____with the students.
2) He said he didn't love her anymore and _____her.
3) It´s very difficult to_____with all this noise. Let's go inside.
4) The decision_____to be good for both of them.
5) He_____the meeting and slammed the door.
6) I don't think you should_____. It's an informal party.

C. Escribe cinco prendas que puedas usar en las siguientes ocasiones:

A wedding (una boda)	A friend's birthday party	A spring day	A winter day	A rainy day	On the beach	At work

UNIT 29

The date

La cita

Tom y Alyson tienen su primera cita y van a cenar a un restaurante.

Tom: Hi, Alyson. You look gorgeous! And you're wearing the necklace!

Alyson: Oh, thank you Tom. You look great too!

T: Did you **plan on** going somewhere special?

A: Maybe we could go to Tijuana's. It's not a **top-of-the-line** place, but they serve delicious food and it's cozy.

T: Great! I love Mexican food! Let's **head for** Tijuana's.

(At the restaurant).

T: I like it! What should we order? Tacos?

A: Oh, Tom, if you've only eaten tacos or enchiladas you haven't really experienced Mexican food... Let me see...you don't like fish...

T: Hey, **you don't forget anything**, do you? No, I'm not into fish, really. Mmm... I'd **die for** some good pork!

A: So, let's have the Cochinita Pibil. It's very good. It **brings back** memories of my childhood. My great-grandma used to prepare it on Sundays. It's... **how can I explain**, it's pork cooked with orange juice, garlic, pepper... You'll **eat** it **up**!

T: Sounds tasty! Do you want a bottle of champagne too?

A: They have an excellent blush wine here that **goes** perfectly **with** the pork...

T: You're the expert, I guess, ha, ha. Let's order! Waiter!

(After the meal).

T: Well, we talked so much that you just **picked at** the food...

A: I always do. So, **how did you like** the true Mexican taste? Own up!

T: Well, I've had some Mexican food before, but this was the best. And the restaurant too. The golden rule: good food, good service, and good prices. I **felt at home** here, and I guess **it has something to do with you**!

Tom: Hola, Alyson. ¡Te ves hermosa! ¡Y te pusiste el collar!

Alyson: Gracias, Tom. ¡Tú también te ves muy bien!

T: ¿**Planeaste** ir a algún lugar en especial?

A: Podríamos ir a Tijuana's. No es un lugar **exclusivo**, pero sirven una comida deliciosa y es muy agradable.

T: ¡Fantástico! ¡Me encanta la comida mexicana! **Vayamos** a Tijuana's.

(*En el restaurante*).

T: ¡Me encanta! ¿Qué pedimos? ¿Tacos?

A: Ay, Tom, si sólo has comido tacos o enchiladas, no conoces realmente la comida mexicana... Déjame ver... a ti no te gusta el pescado...

T: Oye, **tú no te olvidas de nada**, ¿verdad? No, en realidad no me gusta el pescado. Mmm... **Muero por** un buen trozo de carne de cerdo.

A: Entonces, pidamos Cochinita Pibil. Es muy rica. Me **trae** recuerdos de mi niñez.

Mi bisabuela solía prepararla los domingos. Es,... **como puedo explicarlo**,... carne de cerdo con jugo de naranja, ajo, pimienta... Vas a **comértela toda.**

T: ¡Suena sabrosa! ¿Quieres una botella de champán, también?

A: Aquí tienen un fantástico vino rosado que **va** perfectamente **con** el cerdo...

T: Tú eres la experta, creo, ja, ja. ¡Pidamos la comida!¡Camarero!

(*Después de la comida*).

T: Bueno, conversamos tanto que apenas **probaste bocado**...

A: Siempre hago lo mismo. ¿Y? ¿**Qué te pareció** el verdadero sabor mexicano? ¡Confiesa!

T: Bueno, he comido comida mexicana antes, pero esta fue la mejor. Y el restaurante también. Es **la regla de oro:** buena comida, buen servicio y buenos precios. Me sentí como en casa aquí, ¡y creo que **tiene algo que ver contigo!**

Life in the US

En Estados Unidos los meseros reciben la mayor parte de los ingresos de las propinas de los clientes.

Si el servicio ha sido correcto, se espera del cliente que deje un 15% de propina y si son grupos grandes, un 18% y hasta un 20%. Puede parecer un poco alto, pero ésa es la costumbre aquí, ya que el mesero casi no recibe salario o no recibe nada, más que las propinas.

Let's speak English
Hablemos en inglés

¡Escucha los audios en la web!

1 Para **saber si a alguien le gustó algo**, puedes hacer estas preguntas:

How did you like the movie?
¿**Qué te pareció** la película?

Did you like his new car?
¿**Te gustó** su nuevo auto?

What do you think of my new jacket?
¿**Qué te parece** mi nueva chaqueta?

2 Fíjate en estas expresiones para hablar de la **buena o mala memoria**:

He remembers all his friend's birthdays. He **never forgets anything.**
Él se acuerda de todos los cumpleaños de sus amigos. **Nunca se olvida de nada.**

He never remembers the password. He has **a terrible memory.**
Él nunca se acuerda de la contraseña. **Tiene muy mala memoria.**

3 Fíjate en esta expresión:

His bad temper **has something to do with you.**

Su mal humor **tiene que ver contigo.**

Don't worry, **it has nothing to do with you.**

No te preocupes, **no tiene nada que ver contigo.**

 4 Cuando **no recuerdas o no encuentras la palabra adecuada**, puedes usar estas expresiones:

It's like... **how can I explain...** like a frog.
Es parecido a... **cómo puedo explicarlo...** a una rana.

Well, it's **kind of hard to explain.**
Bueno, es **un poco difícil de explicar.**

Well, **for lack of a better word**, it's like a pineapple.
Bueno, **a falta de una palabra mejor**, es como una piña.

It's like a bear, **I don't know what else to call it.**
Es como un oso, **no sé de qué otra forma llamarlo.**

¡Escucha los audios en la web!

Verbs and multi-word verbs *Verbos y verbos compuestos*

(Consulta los Apuntes de gramática)

Estos verbos tienen, básicamente, los siguientes significados:

Plan (planned/planned):

-Planear.

Did you **plan** to go anywhere this weekend?
¿**Planeaste** ir a algún lugar este fin de semana?

Head (headed/headed):

-Ir en una dirección especial.

We **headed back** to the office.
Volvimos a la oficina.

Die (died/died):

-Morir.

Her grandmother **died** five years ago.
Su bisabuela **murió** hace cinco años.

Eat (ate/eaten):

-Comer.

They always **eat** pizza on Friday evenings.
Siempre **comen** pizza los viernes a la noche.

Estudiemos algunos **verbos compuestos** muy comunes con **head, plan, eat** y **die**:

Head

Head for:

- Ir hacia un lugar.

They're heading for the station right now.
Están **yendo** a la estación en este momento.

-Tener posibilidades de experimentar algo desagradable, especialmente como resultado de nuestras acciones.

The company is heading for disaster if they don't do something right now.
La empresa está **yendo hacia** el desastre si no hacen algo ya mismo.

• •

Aprendamos otras expresiones con **bring** (ver Unit 20) **go** (ver Unit 1) y **pick** (ver Unit 2):

Bring

Bring back: Traer a la memoria.
This song brings me back to high school.
Esta canción me **hace recordar** a la escuela secundaria.

Go

Go with: Combina, va bien.
This cake goes well with whipped cream.
Esta torta **va bien** con crema.

Pick

Pick at: Comer muy poco.
You were just picking at your lunch, are you all right?
Apenas **probaste bocado**, ¿estás bien?

Plan

Plan on: Planear, hacer planes.

I'm planning on going sailing next summer.
Planeo ir a navegar el próximo verano.

Eat

Eat up: Comer todo.

Please, sweetie, enjoy the meal. Eat up!
Por favor, cariño, disfruta la comida. ¡**Cómelo todo**!

Die

Die for: Querer mucho algo.

I'd die for a strawberry ice cream.
Me **muero por** un helado de frutilla.
I'm dying for a cup of coffee.
Me **muero por** una taza de café.

Learning Tips

Para practicar cómo se pide la comida en un restaurante, es bueno escuchar cómo lo hacen los americanos. Para eso es muy útil sentarse en la barra de una cafetería o diner, donde al estar más cerca de las otros clientes podrás escuchar cómo piden sus órdenes.

Expanding your vocabulary
Aumenta tu vocabulario

The table
/ La mesa

Dish: Plato.
Fork: Tenedor.
Cup: Taza.

Napkin: Servilleta.
Toothpicks: Palillos.
Spoon: Cuchara.

Wine glass. Copa de vino
Glass: vaso
Knife: Cuchillo.

The menu
/ El menú

Starter: Entrada.
Baked potatoes:
Papas al horno
Green salad:
Ensalada de verduras

Stuffed mushrooms:
Champiñones rellenos.
Onion rings:
Anillos de cebolla

Meatballs:
Albóndigas de carne.
Cheese fondue:
Fondue de queso.

Main dish / Plato principal

Meat: Carne.

Pasta: Pasta.

Octopus: Pulpo.

Oyster: Ostra.
Salmon: Salmón.

Barbecue ribs: Costillitas asadas.
Fried chicken: Pollo frito.
Pork chops: Chuleta de cerdo.
Roast beef: Carne asada.

Gnochi: Ñoquis.
Lasagna: Lasagna.
Ravioli: Ravioles.
Spaghetti: Espagueti.

Shrimp: Camarones.
Sole: Lenguado
Tuna: Atún.

Medium: Medianamente cocida.
Rare: Poco asada.
Well done: Bien cocida.

Fish and Seafood: Pescados y mariscos.
Lobster: Langosta.

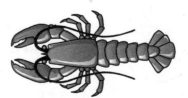

Desserts / Postres

Apple pie:
Pastel de manzanas.

Cheesecake:
Torta de queso.

Chocolate mousse:
Mousse de chocolate.

Homemade pie:
Pastel casero.
Ice cream: Helado.
Peacan pie: Pastel de
nueces.

Drinks / Bebidas

Bottled water: Agua
mineral.
Cognac: Coñac.

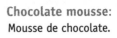

Wine: Vino.
Red wine: Vino tinto.

Coffee: Café.
Juice: Jugo.
Rum: Ron.
Vodka: Vodka.
Soda: Refrescos.
Tea: Té

Whiskey: Whisky.
Champagne:
Champán.

White wine: Vino blanco.
Blush wine: Vino rosado.

Let's practice
Practiquemos

Las respuestas **(Key)** están
al pie de la próxima página.

A. Completa el
siguiente diálogo
con estas frases:

a terrible memory

how did you like

how can I explain

**don't know what
else to call him**

Annie: Hi, Lynn,_____(1) the movie yesterday?

Lynn: It was..._____(2)... a bit scary, really.

Annie: What was it about?

Lynn: It was about an ... inventor, I _____ (3).

Annie: Who were the main actors?

Lynn: I don't remember, you know I have _____(4).

B. Completa
las oraciones con
la frase verbal
que corresponda:

1) We´re _____ the hospital right now.

2) The smell of roses _____ memories of my
grandma's farm.

3) I think she's very sad. She just _____at her dinner.

4) The blue T-shirt_____well_____the gray pants.

5) I´m so thirsty, I _____a glass of cold water.

C. Escribe una opción adecuada en cada columna:

Starter	Main dish	Dessert

¡Escucha los audios en la web!

UNIT 30

People in love

Gente enamorada

Alyson y Tom están caminando después de haber cenado.

Tom: Did you have a good time?

Alyson: This is the best evening I've had since...

T: ...your son's father **walked away.**

A: Well, yes, after that happened, I decided I was going to **focus on** working hard and bringing up my child.

T: There's no doubt you are doing a great job, but what about yourself?

A: That's not very important right now.

T: But, Alyson, you are young, beautiful, intelligent, sensitive. You deserve to find someone to love and settle down with. Are you going to wait **until the cows come home**? Sometimes happiness is just **around the corner.** Just go for it! That's the American way!

A: Ha, ha... but don't forget I have Latin blood in my veins. I know, I know, **where there's a will there's a way,** but I don't want to **speed things up** too much.

T: Listen, **I've been beating around the bush,** but there's something I want to tell you...

A: What?

T: I... think that... you know... since what happened at the store that day, I couldn't **get** you **off** my **mind**...

A: Oh, Tom... I don't think...

T: You **make me feel ten feet tall,** Alyson. I think... **I'm in love** with you...

A: Oh, Tom, I think that... you must be very confused... You had to go through a very difficult situation with... Barbara... and maybe...

T: Forget about her! I'm talking about you and me. I love you, Alyson, I mean it!

A: Well ...I think I'm... in love with you too! I can't believe I'm telling you this, but if there's something like **love at first sight**, I think I fell for you when we first met!

T: I'm so happy to hear that. **I can't promise you the moon**, but I'll do my best to make you happy!

A: Oh, Tom, I feel I'm **on top of the world**...

Passionate kiss.

The end.

Life in the US

Este es un país de inmigrantes. Lo ha sido siempre y lo es ahora. La gran mayoría de las personas que viven en Estados Unidos son descendientes directos de inmigrantes. Por tanto, no te sientas diferente a ninguno de ellos. El paso que estás dando tú al llegar a este país es el que dieron los padres y abuelos de la mayoría de los americanos.

Tom: ¿Lo pasaste bien?

Alyson: Esta es la mejor noche que he tenido desde que...

T: ...el padre de tu hijo se **marchó**.

A: Bueno, sí, después de que ocurrió eso, decidí que me iba a **dedicar** a trabajar duramente y criar a mi hijo.

T: No hay duda de que lo estás haciendo muy bien, pero ¿qué hay de ti?

A: Eso no es muy importante en este momento.

T: Pero, Alyson, tú eres joven, bonita, inteligente, sensible. Te mereces encontrar a alguien que quieras y con quien puedas asentarte. ¿Vas a esperar **toda la vida**? A veces la felicidad está **a la vuelta de la esquina**. ¡Ve por ella! ¡Ese es el estilo americano!

A: Ja, ja... pero no te olvides que yo tengo sangre latina en mis venas. Ya lo sé, ya lo sé,

si uno quiere, puede, pero no quiero **acelerar** demasiado las cosas.

T: Escucha, **estoy dando muchos rodeos**, pero hay algo que quiero decirte.

A: ¿Qué?

T: Yo... creo que..., tú sabes..., desde lo que pasó en la tienda aquel día, **no pude dejar de pensar** en ti...

A: Oh, Tom... no creo...

T: Tú **me haces sentir muy bien**, Alyson. Siento que... **estoy enamorado** de ti...

A: Tom,... pienso que... debes de estar muy confundido... Tuviste que pasar momentos muy difíciles con... Barbara... y quizás...

T: ¡Olvídate de ella! Estoy hablando de ti y de mí. Te quiero, Alyson, ¡hablo en serio!

A: Bueno..., creo que... ¡yo también **estoy enamorada** de ti! No puedo creer lo que te estoy diciendo, pero si existe **el amor a primera vista**, ¡creo que me enamoré de ti el primer día que nos vimos!

T: Cuánto me alegra escuchar eso. **No te puedo prometer la luna y las estrellas**, ¡pero haré todo lo posible para hacerte feliz!

A: Oh, Tom, siento que **estoy en las nubes**...

Beso apasionado.

Fin.

Let's speak English
Hablemos en inglés

¡Escucha los audios en la web!

1 Para decir que algo **dura mucho tiempo**, puedes usar esta frase:

Is she going to wait for him **until the cows come home?**

¿Lo va a esperar **toda la vida?**

2 Cuando quieres decir que **algo está muy cerca**, puedes usar esta expresión:

The video store is **around the corner.**
La tienda de video está a la vuelta de la esquina.

Opportunities like this aren't usually just **around the corner.**
Las oportunidades como esta no se encuentran a la vuelta de la esquina.

3 Cuando quieres decir que **si tienes la voluntad de lograr algo es muy posible que lo logres**, puedes usar esta frase:

Brad: I dream of buying a farm one day.
Sarah**: Where there's a will there's a way.**
Brad: Sueño con comprarme una granja algún día.
Sarah**: Querer es poder.**

4 Cuando **das muchas vueltas para decir algo**, puedes usar esta frase:

I've been beating around the bush, but would you like to go out for dinner with me?

Estoy dando muchos rodeos, pero ¿te gustaría salir a cenar conmigo?

5 Cuando **no puedes prometer grandes cosas**, puedes usar esta expresión:

I can't **promise you the moon**, but I think that we can be very happy together.

No puedo prometerte la luna y las estrellas, pero creo que vamos a ser muy felices juntos.

6 Para expresar que algo **te hace sentir muy bien**, puedes decir:

Getting this prize made him **feel ten feet tall.**

Ganar este premio lo hizo **sentir muy bien.**

7 Fíjate en estas expresiones para **hablar de amor:**

I'm **in love** with you.
Estoy **enamorado** de ti.

I think I**'m falling in love** with you.
Creo que me **estoy enamorando** de ti.

In our case, **it was love at first sight.**
En nuestro caso, **fue amor a primera vista.**

8 Cuando estás **muy feliz**, puedes decir:

When he told her he was in love with her, she felt **on top of the world.**

Cuando él le dijo que estaba enamorado de ella, ella **sintió que tocaba el cielo con las manos.**

9 Cuando **no puedes dejar de pensar en alguien**, puedes usar esta frase:

He broke up with her a year ago, but he can't **get** her **off** his **mind.**

Él rompió con ella hace un año, pero no puede **sacársela de la cabeza.**

-Este verbo tiene, básicamente, el siguiente significado:

Speed (sped/sped):

-Pasar rápido, velozmente.

The police car **sped** along the road chasing a thief.
El patrullero **pasó velozmente** por el camino persiguiendo a un ladrón.

Estudiemos algunos **verbos compuestos** muy comunes con el sustantivo **focus** y el verbo **speed**:

Focus

Focus on: Concentrarse, dedicarle mucha atención a algo.

The teacher **focused on** the different ways to protect the environment.
La maestra **se concentró** en las diferentes maneras de proteger el medio ambiente.

Speed

Speed up: Acelerar, apurarse.

I need to **speed up** if I want to meet the deadline.
Tengo que **apurarme** si quiero cumplir con el vencimiento.

• •

Aprendamos otras expresiones con **walk** (ver Unit 28):

Learning Tips

Usa tu imaginación para buscar nuevas maneras de aprender inglés todos los días, en cualquier momento y en cualquier lugar.

Lo que hemos querido en esta sección ha sido darte una serie de ejemplos de cómo de las formas más sencillas que uno pueda imaginar, puede aprender inglés a toda hora. Esperemos que te haya servido y que no dejes nunca de aprender y mejorar tu inglés.

Walk

Walk away: Marcharse, no asumir la responsabilidad en un momento difícil.

See **walked away** from him six months after their marriage.
Ella se marchó seis meses después de su casamiento.

Expanding your vocabulary
Aumenta tu vocabulario

Relationships
/ Las relaciones

Friend: Amigo.

Lover: Amante.

Husband: Marido.

Wife: Esposa.

Fiancée: Prometido.

Girlfriend: Novia.

Boyfriend: Novio.

Acquaintance: Conocido.

Blind date: Cita a ciegas.

Stranger: Desconocido.

Enemy: Enemigo.

Date: Alguien con quien sales.

Friendly: Amistoso.

Unfriendly: Antipático.

Bachelor: Soltero.

Spinster: Solterona.

Divorcee: Divorciado.

Get divorced: Divorciarse.

Get married: Casarse.

Married: Casado.

Love: Amor.

Friendship: Amistad.

Bride: Novia (en la boda).

Groom: Novio (en la boda).

Love phrases / *Frases de amor*

I'm crazy about him: Estoy loca por él.

I really like him:
Él me gusta mucho.

I can't stop thinking about him:
No puedo dejar de pensar en él.

She's the love of my life:
Ella es el amor de mi vida.

She's the one I love:
Ella es la persona que amo.

I admire him very much:
Lo admiro mucho.

I'm head over heels in love:
Estoy muerta de amor.

I'm totally in love:
Estoy perdidamente enamorado.

We're living together: Vivimos juntos.

We're going to take the plunge:
Nos vamos a casar.

We're getting engaged:
Nos vamos a comprometer.

My other half/my better half:
Mi media naranja, mi alma gemela.

My partner: Mi pareja.

Finish an affair:
Terminar una aventura.

**Things just aren't working out
between us**:
Las cosas no funcionan entre nosotros.

**Things keep going wrong in the
relationship**: La relación sigue mal.

**We're arguing about unimportant
things**: Discutimos por cosas
insignificantes.

He's never got any time for me:
Nunca tiene tiempo para mí.

I'm sure he's having an affair:
Estoy segura de que tiene una
aventura.

I'm sure he's seeing someone else:
Estoy segura de que está
viendo a alguien.

I need some time to think on my
own: Necesito tiempo para pensar.

Let's stop seeing each other:
Dejemos de vernos.

Let's practice
Practiquemos

Las respuestas **(Key)** están
al pie de la próxima página.

A. Completa las
oraciones con las frases
adecuadas, en
el tiempo correcto:

feel on top of the word

love at first sight

where there's a will
there's a hope

ten feet tall

can't promise you the
moon

till the cows come home

beating around the bush

get...off

1) I would stay here with you_____.

2) I can't_____ _____but I'll always be by
your side.

3) He makes me feel _____.

4) I've been _____, but I wanted to say
I'm in love with you.

5) Believe it or not, when I met him I knew it was _____
_____.

6) He's not very well, he can't_____his last girlfriend
_____his mind.

7) I know I'll finally get him because_____.

8) When I graduated I _____.

B. Une los siguientes verbos compuestos con su significado en español:

1) speed up (__)   **a**-concentrarse en

2) focus on (__)   **b**-marcharse

3) walk away (__)   **c**-acelerar

C. Completa los espacios en blanco con los verbos compuestos del ejercicio B que correspondan:

1) Please, _____, we have to send this by midday.

2) I can't _____ my work, I think I'm a bit stressed.

3) When I told him I was pregnant, he_____.

D. Completa las oraciones con la frase que corresponda:

fiancée

bride

acquaintance

blind date

1) When you have a date with somebody you've never seen it's called a _____.

2) A woman who's going to get married is called a _____ _____.

3) A person you are engaged to marry is called a _____ _____.

4) Somebody you know but not as well as a friend is an_____ _____.

E. Completa los espacios en blanco con una palabra de la lista:

love

living

plunge

thinking

half

1) He´s the_____ of my life.

2) We´re going to take the _____.

3) We´re _____ together.

4) He´s my other_____.

5) I can't stop _____ about him.

---

ipc.inglesen100dias.com   · LET'S PRACTICE |

Apuntes de gramática

Grammar file

Verbs and multi-word verbs
Los verbos y verbos compuestos

Los verbos pueden ser una palabra, con un significado específico:

Go: Ir
Get: Conseguir, comprar
Break: Romper

Los **verbos compuestos** están formados por **un verbo** y **una palabra** más (adverbio o preposición):

Go **on**
Get **back**
Break **up**

Y tienen, por lo general, un significado diferente del verbo original:

Go on: Continuar
Get back: Volver
Break up: Romper una relación

También pueden estar formadas por **un verbo** y **dos palabras** (adverbio y preposición) más:

Look forward to: Esperar ansiosamente
Get along with: Llevarse (bien o mal) con alguien

Algunos verbos compuestos no pueden ser seguidas por un objeto (sustantivo o pronombre); son **intransitivas:**

He **ran away**
She never **turned up**
He **got up**

Otros verbos compuestos llevan un <u>objeto</u>; son **transitivas:**

I **paid back** <u>the loan</u>
I **picked up** <u>my son</u>
I **made up** an <u>excuse</u>

En los **verbos compuestos transitivos**, el objeto puede ir entre el verbo y el adverbio o preposición, o después del adverbio o preposición:

I **looked** the word **up**
I **looked up** the word
She **took** her coat **off**
She **took off** her coat

Si el objeto es un pronombre, sólo puede ir entre entre el verbo y el adverbio o preposición:

I looked **it** up
She took **it** off
I picked **him** up

Tenses / Tiempos verbales

Present Continuous

Se forma con el verbo **to be** + otro verbo terminado en **–ing.**

I **am reading.** / Estoy leyendo.
Are you **studying?** / ¿Estás estudiando?
She **isn't working.** / Ella no está trabajando.
They **are waiting.** / Ellos están esperando.

Se usa para describir **algo que está sucediendo en el momento en que la persona está hablando.** Puede usarse con **now** y **right now.**

▶

Jack **is watching** TV **(now)**.
Jack **está mirando** televisión **(ahora)**.
She's **sending** an e-mail **(right now)**.
Ella **está enviando** un correo electrónico
(en este momento).

También se usa para expresar
**acciones que no están ocurriendo
exactamente en el momento
en el que hablamos, sino en un
período más extenso.** Puede estar
acompañado por las expresiones
**this week, this month,
this year, these days.**

I'm **studying** to become a doctor.
Estoy estudiando para ser médico.
A lot of people **are traveling** to South
America **these days.**
Mucha gente viaja a Sudamérica **estos días.**

El **presente continuo** se usa a
menudo para expresar **acciones
temporarias:**

I'm **staying** at a hotel for 10 days.
Me **estoy hospedando** en un hotel por 10 días.

Simple Present

Se debe agregar «**s**» o «**es**» a
verbos con los pronombres **he, she,
it.** Para las oraciones interrogativas
y negativas se usan los auxiliares **do,
does, don´t, doesn't.**

I **work** in a hospital.
Trabajo en un hospital.
He **teaches** History. / Él enseña historia.
Do you **live** near here?
¿**Vives** cerca de aquí?
She **doesn't speak** Spanish.
Ella **no habla** español.

Se usa para describir **algo que
ocurre regularmente, un hábito, una
situación que se repite:**

I **study** English every day.
Yo **estudio** inglés todos los días.
She always **goes** to the beach
in the summer.
Ella siempre **va** a la playa en el verano.

Puede estar acompañado por
algunas de estas palabras y frases
que indican **frecuencia: always,
usually, generally, often,
sometimes, rarely, almost never,
never, every day, every month,** etc.

They **travel often** on weekends.
Ellos **viajan a menudo** los fines de semana.

También se usa para indicar **acciones
permanentes** o **de larga duración:**

I **live** in Boston.
Yo **vivo** en Boston.
I **work** from 9 to 5.
Trabajo de 9 a 5.

Algunos verbos se usan casi siempre
en el **presente simple:**

Los que describen **emociones:**

I **hate** this weather. / **Odio** este tiempo.
I **like** sports. / Me **gustan** los deportes.
I **love** sunny days.
Me **encantan** los días de sol.
I **want** to sleep. / **Quiero** dormir.

Los que describen **procesos
mentales:**

I **know** her name. / **Sé** su nombre.
I **think** you're wrong.
Creo que estás equivocado.

▶

I **understand** Japanese.
Entiendo japonés.
I never **remember** her
phone number.
Nunca **recuerdo** su número de teléfono.

Los que indican **posesión:**

I **have** a new watch.
Tengo un nuevo reloj.
He **owns** a pizza store.
Él **es dueño de** una pizzería.
That house **belongs** to his
grandfather.
Esa casa **pertenece** a su abuelo.

Los que se refieren a los **sentidos:**

This sauce **smells** good!
¡Esta salsa **huele** muy bien!
This spaghetti **tastes** wonderful!
¡Estos espagueti **tienen** muy buen **sabor!**
You **look** great!
¡Te **ves** fantástico!

Algunos de estos verbos pueden
también usarse en el **presente
continuo**, pero su significado es
diferente:

I'm **tasting** the sauce.
Estoy probando la salsa.
She's **smelling** the roses.
Ella **está oliendo** el perfume de las rosas.
I'm **thinking** about an answer.
Estoy pensando en una respuesta.
They're **looking** at some photos.
Ellos **están mirando** algunas fotos.

El verbo **feel**, se puede usar en
cualquiera de los dos tiempos:

I **feel** fine.
I'm **feeling** fine.

Present Perfect

Se forma con el auxiliar **have/has** + el
pasado participio del verbo.

She **has lived** in New
York for five years.

has = Auxiliar have/has
lived = participio del verbo «live»

Se usa cuando hablamos de un hecho
que **comenzó en el pasado pero
continúa en el presente:**

I **have worked** here since I was 20.
He **trabajado** aquí desde que tenía 20 años.
I **have worked** in tourism since 2001.
He **trabajado** en turismo desde el 2001.
(Todavía sigo trabajando).
She **has written** to him for years.
Ella le **ha escrito** a él durante años.
(Todavía sigue escribiéndole).
How long **have** they **lived** here?
¿Cuánto tiempo **han vivido** aquí?
How long **have** you **worked**
as a teacher?
¿Cuánto tiempo **has trabajado** como maestra?

Las preposiciones **since** y **for**
acompañan frecuentemente a este
tiempo verbal:

For indica la duración de la acción:

They **have lived** here **for** 4 months.
Han vivido aquí durante 4 meses.
He **hasn't talked** to me **for** five days.
Él no me **ha hablado** durante cinco días.

Since marca el **momento en que
comenzó la acción:**

It **has been** raining since Monday.
Ha **estado lloviendo** desde el lunes.

She **hasn't been** very well **since** last June.

Ella no **ha estado** muy bien **desde** junio pasado.

En las preguntas se puede usar el adverbio **ever,** que significa **alguna vez:**

Have you **ever been** to Mexico?

¿**Has estado alguna vez** en México?

Has she **ever won** a competition?

¿**Ha ganado ella alguna vez** una competición?

Para contestar con **respuestas cortas** a preguntas por sí o por no, **se usa sólo** el auxiliar **have o has:**

Have you ever **been** to Mexico?
Yes I **have** / No, I **haven't**
Have they **studied** English for a long time?
Yes, they **have** / No, they **haven't**
Have she **lived** here for a long time?
Yes, she **has** / No, she **hasn't**

Comparemos el **presente perfecto** con el **pasado simple:**

El **presente perfecto** siempre se refiere a **algo que comenzó en el pasado y continúa en el presente;** el **pasado simple**, en cambio, **se usa para acciones que han comenzado y terminado en el pasado.**

Katie **worked** at the supermarket for 5 months.

Katie **trabajó** en el supermercado durante 5 meses.

Verbo en **pasado simple, la acción finalizó:** Katie ya no trabaja más en el supermercado.

Katie **has worked** at the supermarket for five months.

Katie **ha trabajado** en el supermercado durante cinco meses.

Verbo en **presente perfecto:** Katie trabaja en el supermercado desde hace cinco meses y **todavía sigue trabajando.**

Past Continuous

Se forma con el verbo **to be** como auxiliar en pasado **was/were** + un **verbo terminado en** -ing.

I **was sleeping**
They **were talking**
Was she **driving?**

Se usa para describir **una acción que estaba ocurriendo en un determinado momento en el pasado.**

I **was walking** my dog at 6:00.

Yo **estaba paseando** a mi perro a las 6:00.

It **wasn't raining** early in the morning.

No **estaba lloviendo** a la mañana temprano.

Comparemos el pasado simple **con el** pasado continuo.

Cuando la **acción o el tiempo en** que la acción estaba ocurriendo es **interrumpido** por otra, esta última se expresa en **pasado simple.**

I **was walking** my dog when the accident **happened.**

walking: pasado continuo
happened: pasado simple

Yo **estaba paseando** a mi perro cuando
sucedió el accidente.

I was reading the newspaper when the phone rang.

Yo **estaba leyendo** el diario
cuando **sonó** el teléfono.

When puede usarse junto con el pasado simple:

When the accident happened, I was walking my dog.

Cuando **sucedió** el accidente, yo estaba
paseando a mi perro.

While puede usarse junto con el pasado continuo.

While I was walking my dog, the accident happened.

Mientras **estaba paseando** a mi perro,
ocurrió el accidente.

Cuando las dos oraciones están en pasado, el significado es diferente:

When I saw him, I ran away!

Cuando lo **vi**, **salí** corriendo.

When I saw him, I was running.

Cuando lo **vi**, yo **estaba corriendo**.

Past Perfect

Se forma con el auxiliar **had** + el
pasado participio de un verbo.

They had left
She had finished
We hadn't started

Se usa para expresar **una acción que
ocurrió antes de otra acción en el
pasado** o de un momento específico
en el pasado.

He had already left when she arrived.

Él ya se **había marchado** cuando ella llegó.

It had stopped raining when the accident happened.

Había parado de llover cuando el accidente ocurrió.

I had been to Canada once before 1998.

Había estado en Canada una vez antes de 1998.

She had never seen snow before she moved to Colorado.

Ella nunca **había visto** nevar antes de
mudarse a Colorado.

The Future

Existen cuatro formas de
expresar el futuro:

1) Con el auxiliar «be going to»:

I'm going to start my own business.

Voy a empezar mi propio negocio.

2) Con el presente continuo:

I'm opening a pizza store.

Abriré una pizzería.

3) Con el auxiliar «will»:

I'll make the best pizzas in town.

Haré las mejores pizzas de la ciudad.

4) Con el presente simple:

It finishes at 12.

Termina a las 12.

-Para hacer **predicciones o suposiciones** usas «**be going to**» y «**will**».

People **are going to** live in big cities.

La gente **va a** vivir en grandes ciudades.

People **will live** in big cities.

La gente **vivirá** en grandes ciudades.

-Cuando lo que nos lleva a la presunción es algo que está sucediendo en el momento, se usa «**be going to**»:

Watch out! You're **going to** hurt yourself!

¡Cuidado! ¡Te **vas a** lastimar!

-Para hablar de **intenciones futuras o planes**, puedes usar:

- be going to:
He's **going to open** a pizza store next month.

- will:
He'**ll open** a pizza store next month.

-presente continuo:
He's **opening** a pizza store next month.

Él **va a** abrir una pizzería el mes que viene.

-El **presente continuo** también se utiliza para hablar sobre **planes futuros que ya han sido fijados**:

He's **traveling** to Los Angeles tomorrow evening.

Él **viajará** a Los Angeles mañana a la tarde.

-Cuando **un evento futuro ha sido programado** (horarios, programas y cronogramas), **los verbos start, leave, end** y **begin** se usan a menudo en **presente simple**:

The movie **starts** at 8:00 and **ends** at 10:15.

La película **comienza** a las 8 y **termina** a las 10:15.

The conditionals
Los condicionales

Son estructuras que se usan para expresar condiciones. Están formadas por una cláusula de condición que contiene la palabra «**if**» (si) y una cláusula de resultado. La cláusula de condición puede ir al comienzo o al final de la oración:

If it rains, I'll stay at home.

▼   ▼
Cláusula de condición Cláusula de resultado

I'll stay at home **if it rains**.

▼   ▼
Cláusula de resultado Cláusula de condición

Existen cuatro clases diferentes de condicionales:

1) **Condicional de presente real**: Expresa situaciones que siempre se dan de una determinada manera si algo sucede. El verbo en la cláusula condicional y en la de resultado va por lo general en **presente simple**.

If it **rains**, we **take** a cab.

Si **llueve**, **tomamos** un taxi.

If I **have** a day off from work,
I **go out** with my friends.

Si **tengo** un día libre, **salgo** con mis amigos.

2) Condicional de futuro real:
Expresa una situación que es
muy posible que suceda si se
cumple la condición. El verbo en
la cláusula condicional está en
presente simple y el de la
cláusula de resultado se usa
con el auxiliar **«will».**

If I **go** on a diet, I'**ll lose** weight.

Si **hago** dieta, **perderé** peso.

If you **don't feel** well,
I'**ll call** a doctor.

Si no te **sientes** bien, **llamaré** a un médico.

**3) Condicional de presente o
futuro irreal:** Expresa una situación
improbable o imposible, que puede
ser imaginaria. El verbo en la cláusula
condicional está en
pasado simple y el de la
cláusula de resultado se usa
con el auxiliar **would.**

If I **had** a lot of money, I'**d (would)**
buy a house by the sea.

Si yo **tuviera** mucho dinero, me **compraría**
una casa cerca del mar.

I'**d go** to the gym every day
if I **had** the time.

Iría al gimnasio todos los días si **tuviera** tiempo.

El verbo **«to be»** se usa siempre
conjugado como **«were».**

If I **were** you, I'**d tell** her the truth.

Si yo **estuviera** en tu lugar, le **diría** la verdad.

4) Condicional de pasado irreal:
Se usa para decir cómo hubiera
resultado algo si una ▶

determinada situación hubiera
ocurrido (pero sabemos que no
ocurrió). El verbo en la cláusula
condicional está en **pasado perfecto**
y en la cláusula de resultado hay una
frase verbal formada por **would +
have + participio del verbo.**

If I **had seen** you at the party, I
would have stayed longer.

Si te **hubiera visto** en la fiesta, me **hubiera
quedado** más tiempo.

She **wouldn't have failed** the test **if**
she **had studied** harder.

No le **hubiera ido** mal en su examen si **hubiera
estudiado** más.

He **would have gotten** the job **if** he
had studied Spanish.

Él **hubiera conseguido** el trabajo si
hubiera estudiado español.

Used to - Be used to
Get used to

Estas frases cuya estructura es
similar tienen, sin embargo,
significados diferentes:

Used to:

-Se usa **used to** + un **verbo en
infinitivo** (sin conjugar) para hablar
sobre **situaciones pasadas que ya
no ocurren más.**

I **used to have** many pets when I
was a kid.

Yo **solía tener** muchas mascotas cuando era niño.

I **used to hate** pasta.

Solía odiar la pasta.

Podemos usarlo para contrastar el
presente con el pasado, usando **now,
no longer, not anymore:** ▶

I **used to swim** every day, but **now** I don't have time to do it.
Yo **solía nadar** todos los días, pero **ahora** no tengo tiempo para hacerlo.

She **used to** come every Sunday, but she **no longer** lives here.
Ella **solía** venir todos los domingos, pero **ya no** vive **más** aquí.

I **used to visit** her very often, but I don't **anymore.**
Yo **solía visitarla** muy a menudo, pero **ya no** lo hago **más.**

Para hacer preguntas se usa **did +use to:**

Did you **use to travel** a lot when you were working as a salesman?
¿Solías viajar mucho cuando trabajabas como vendedor?

Para formar oraciones negativas, se debe usar **didn't use to:**

She **didn't use to read** a lot when she was a teenager.
Ella **no solía** leer mucho cuando era adolescente.

Comparemos **Be used to** con **Get used to**

-Be used to + verb-ing: Estar acostumbrado. Lo usamos para expresar acciones a las que ya nos hemos habituado:

I'm used to wearing casual clothes for work.
Estoy acostumbrado a usar ropa informal para trabajar.

I'm used to walking to work every day.
Estoy acostumbrada a ir caminando al trabajo todos los días.

-Get used to + verb-ing:
Acostumbrarse. Se usa para expresar acciones a las que nos estamos acostumbrando con el transcurso del tiempo.

I'm getting used to speaking English every day.
Me estoy acostumbrando a hablar inglés todos los días.

She's **getting used to living** in a big city.
Ella se está **acostumbrando** a vivir en una gran ciudad.

El verbo después de **get used to** siempre debe llevar **–ing:**

I **got used to** getting up at 7.
Me **acostumbré** a levantarme a las 7.

Comparisons
Las comparaciones

Para **hacer comparaciones** fíjate en las siguientes reglas:

En los **adjetivos cortos** en general, se agrega **–er:**

shorter: **más** bajo
smaller: **más** pequeño
colder: **más** frío
warmer: **más** cálido
older: **más** viejo

Los **adjetivos cortos** que terminan en **y**, cambian esta terminación por **i +er:**

happy: happier / **más** feliz
friendly: friendlier / **más** amigable

easy: eas**ier** / más fácil
heavy: heav**ier** / más pesado
early: earl**ier** / más temprano

En los **adjetivos largos**, se agrega **more** (más)/**less** (menos):

sensitive: **more** sensitive / más sensible
difficult: **less** difficult / menos difícil
boring: **more** boring / más aburrido
interesting: **less** interesting
/ menos interesante
important: **more** important
/ más importante

Y también en los que terminan en **–ly** y **–ed**.

quick**ly**: more quick**ly** / más rápido
soft**ly**: more soft**ly** / más suavemente
bor**ed**: more bor**ed** / más aburrido
tir**ed**: less tir**ed** / menos cansado

Cuando mencionamos las cosas, lugares o personas que comparamos, se agrega **than** (que) tanto con los adjetivos cortos como con los largos:

Today is cold**er than** yesterday.
Hoy hace **más** frío **que** ayer.
Japanese is **more difficult than** Spanish.
El japonés es **más difícil que** el español.
I'm **less** absent-minded **than** my brother.
Soy **menos** distraído **que** mi hermano.

Algunos adjetivos cambian al formar el comparativo:

good (bueno) / **better** (mejor)
bad (malo) / **worse** (peor)
far (lejos) / **farther**(más lejos)

My new office is **better than** the old one.
Mi nueva oficina es **mejor que** la vieja.
I feel **worse than** yesterday.
Me siento **peor que** ayer.
He lives **farther than** Laura.
Él vive **más lejos que** Laura.

Equal comparisons
(Comparaciones de similitud)

También se pueden hacer comparaciones usando **as + adjetivo + as** (tan..... como):

This printer is **as good as** that one.
Esta impresora es **tan buena como** aquella.

Y en negativo **not as + adjetivo + as** (no tan ... como):

This city **isn't as** lively **as** San Francisco.
Esta ciudad **no es tan** alegre **como** San Francisco.

The superlative
(El superlativo)

Cuando se **comparan tres o más cosas o personas**, se usa el superlativo, que se forma agregando el artículo **the** + la terminación **–est** a los adjetivos cortos o el artículo **the** + las palabras **most / least** cuando el adjetivo es largo.

big: bigg**est**
fast: fast**est**
small: small**est**

This is **the biggest** house in town.
Esta es la casa **más grande** de la ciudad.

He won the race because he drives **the fastest** car.
Ganó la carrera porque conduce el auto **más veloz**.

This is **the most** interesting book I've ever read.
Este es el libro **más interesante** que jamás haya leído.

Funciones del lenguaje

Son las diferentes situaciones en las que puedes usar el idioma para comunicarte.

Assumptions
(Suposiciones)

El grado de certeza que tenemos al hacer la suposición lo dará el auxiliar usado:

Oraciones afirmativas (de mayor a menor certeza)**:**

must / You **must be** proud of your son.
Debes de estar orgulloso de tu hijo.

have (got) to /
You**'ve got to be** proud of your son.
Debes de estar orgulloso de tu hijo.

may / That **may** be my father.
Debe de ser mi padre.

might / You **might** be right.
Debes de tener razón.

could / He **could** be the doctor.
Debe de ser el doctor.

Oraciones negativas (de mayor a menor certeza):

can't, couldn't /
That **can´t/couldn´t** be true.
Eso no **debe de** ser verdad.

must not /
He **must not** be her husband.
Él no **debe de** ser su marido.

may not / They **may not** be ready.
Ellos no **deben de** estar listos.

might not /
He **might not be** very happy.
No debe de estar muy contento.

Ability
(Habilidad)

Para expresar **habilidad en el presente** se usa el auxiliar **can:**

I **can** use a scanner.
Yo **puedo** usar un escáner.

She **can** speak four languages.
Ella **puede** hablar cuatro idiomas.

Can you ride a horse?
Yes, I **can.** / No, I **can't.**
¿**Puedes** andar a caballo? Sí, **puedo.** / No, **no puedo.**

My sister **cannot** drive.
My sister **can't** drive.
Mi hermana **no puede** conducir.

Obligation and necessity
(Obligación y necesidad)

Para expresar **algo que tienes que hacer** o que **necesitas hacer,** usas el auxiliar **have to:**

I **have to** fill out a form.
Tengo que completar una forma.

We **have to** tell her the truth.
Tenemos que decirle la verdad.

She **has to** pick her son up
from school.
Ella **tiene que** ir a buscar a su hijo a la escuela.

Para hacer preguntas usas
do/does + have to:

Do you **have to** answer many questions?
¿**Tienes que** contestar muchas preguntas?

Do you **have to** work?
Yes, I **do.**/No, I **don't.**
¿**Tienes** que trabajar? Sí. / No.

Does she **have to** see a doctor?
Yes, she **does.**/No, she **doesn't.**
¿**Tiene** que ver a un médico? Sí. / No.

Para expresar que **es necesario u
obligatorio hacer algo**, sobre todo
en el **lenguaje escrito**, o cuando
se trata **de leyes, reglamentos o
señales** se usa el auxiliar **must:**

Residents **must** obey all laws.
Los residentes deben obedecer todas las leyes.

The Green Card **must** be renewed
before it expires.
La Tarjeta Verde **debe** ser renovada antes
de su vencimiento.

Cuando se quiere expresar que
no es necesario hacer algo, se usa
don't /doesn't have to + verbo en
infinitivo:

You **don't have to** pay in advance.
No tienes que pagar por adelantado.

I **don't have to** go to the party
if I don't like it.
No tengo que ir a la fiesta si no tengo ganas.

She **doesn't have to** sign.
It's not necessary.
Ella no **tiene que** firmar. No es necesario.

Prohibition (Prohibición)

Cuando se debe expresar una
prohibición, se usa **must not** o la
forma contraída **mustn't.**

You **mustn't drive** if you
drank alcohol.
No **debes** conducir si bebiste alcohol.

You **mustn't** drive faster
than the speed limit.
No **debes** conducir más rápido que
el límite de velocidad.

Cuando hablamos, podemos usar
también **can't** para expresar
prohibición:

He **can't** arrive late.
Él no **puede** llegar tarde.

You **can't** smoke here.
Usted no **puede** fumar aquí.

Advice (Consejos)

Para dar un consejo puedes usar
should/had better (´d better)
antes del verbo:

She **should** go to the doctor
Ella **debería** ir a ver a un médico.

You**'d better** leave now.
Sería mejor que te fueras ahora.

He **should** take that job.
Él **debería** aceptar ese trabajo.

O sus formas negativas
**should not/shouldn't
had better not/´d better not:**

You **shouldn't** eat chocolate.
No deberías comer chocolate.

She **shouldn't** spend more
than she gets.
Ella no debería gastar más de lo que gana.

You**'d better not** go out.
Sería mejor que no salgas.

Para **pedir consejos**, debes usar
should en forma interrogativa:

What **should** I tell her?
¿Qué debería decirle a ella?

Should I invite him?
¿Debería invitarlo?

Should I wait here?
¿Debería esperar aquí?

Suggestions (Sugerencias)

Para **sugerir algo de manera
informal** se pueden usar las
siguientes frases:

**Let's
Maybe... could
Could
Why don't/doesn't
Why not
How about**

Let's go out for dinner
Vayamos a cenar.

Maybe we **could** go to an Italian
restaurant.
Quizás podríamos ir a un restaurante italiano.

Why don't we ask Allie
to come with us?
¿Por qué no le decimos a Allie
que venga con nosotros?

That would be great. **Why doesn't** she
bring her cousin too?
Sería fantástico. ¿Por qué no trae
a su primo también?

Why not call her right now?
¿Por qué no la llamamos ahora?

How about going to the
movies after that?
¿Qué tal si vamos al cine después?

Preferences (Preferencias)

Para expresar **preferencias** se usan
las siguientes expresiones:

**prefer
would prefer ('d prefer)
would rather**

I **prefer** to eat at
home on weekends.
Prefiero comer en mi casa los fines de semana.

I **prefer** homemade food.
Prefiero la comida casera.

I **prefer** eating pasta.
Prefiero comer pasta.

But today, I**'d rather** go out.
Pero hoy preferiría salir.

I**'d prefer** to stay at home
and watch TV.
Preferiría quedarme en casa y mirar televisón.

I**'d prefer** reading a book.
Preferiría leer un libro.

I**'d prefer** a romantic novel.
Preferiría una novela romántica.

Possibility (Posibilidad)

Para expresar **posibilidad**, se usan
estos auxiliares:

**May
Might
Could**

ipc.inglesen100dias.com

I **may** go to the supermarket
after work.

Quizás vaya al supermercado después del trabajo.

I **may not** finish on time.

Quizás no termine a tiempo.

It **might** rain tomorrow.

A lo mejor llueve mañana.

It **might not** rain tomorrow.

Quizás no llueva mañana.

It **could** get colder.

Puede hacer más frío.

May I talk to him now?

¿Puedo hablar con él ahora?

Could I use your phone, please?

¿Podría usar su teléfono, por favor?

Can I ask you a question?

¿Puedo hacerte una pregunta?

Do you mind if I smoke?

¿Te molesta si fumo?

Confirmation
(Las confirmaciones)

Requests (Pedidos)

Para pedir algo usas estos auxiliares:

Will / Can
más informal

Would / Could / Would you mind
más formal

Honey, **will** you shut the door?

Cariño, ¿**puedes** cerrar la puerta?

Can you call me later?

¿**Puedes** llamarme más tarde?

Would you **tell** her to come
in, please?

¿**Podrías** decirle que entre, por favor?

Could you speak up, please?

¿**Podría** hablar más fuerte, por favor?

Would you **mind** waiting?

¿Le **molestaría** esperar?

Permission (Permiso)

Para **pedir permiso** se usan estos
auxiliares

May / Could / Can
Do you mind if...?

Cuando quieres que te **confirmen
algo que has dicho**, debes fijarte
qué verbo has usado y en qué
tiempo, y usarlo en la frase de
confirmación en negativo, si estaba
en afirmativo o viceversa. Si has
usado el verbo **to be** no deberás usar
un auxiliar, sino repetir el mismo
verbo. Si has usado otro verbo,
usarás el auxiliar que corresponda
(do / don't, does/doesn't,
did/didn't, etc.)

This **is** your uncle, **isn't it**?

▼   ▼
Verbo to be   Verbo to be
en presente,   en presente,
afirmativo   negativo

Este es tu tío, ¿**verdad**?

He **travels** very often, **doesn't he**?

▼   ▼
Verbo en presente,   Auxiliar en presente,
afirmativo   negativo

Él viaja muy a menudo, ¿**verdad**?

You're tired, **aren't you**?

Estás cansada, ¿**verdad**?

You **don't like** chocolate, **do you?**

No te gusta el chocolate, ¿**verdad**?

You **were** born in Venezuela, **weren't you?**

Tú naciste en Venezuela, ¿**verdad**?

The car **wasn't** moving very fast, **was it?**

El auto no estaba avanzando muy rápido, ¿**verdad**?

They **have** a child, **don't they?**

Ellos tienen un hijo ¿**verdad**?

Expectations (Expectativas)

Para expresar **expectativas** se usa la frase **be supposed to:**

We**'re supposed** to pick her up at the airport.

Se supone que debemos esperarla en el aeropuerto

Am I **supposed** to call her?

¿**Se supone** que debo llamarla?

You**'re not supposed** to wear a tie.

No **tienes que** usar corbata.

It's **not supposed** to rain today.

Hoy **no se esperan** lluvias.

The Imperative (El imperativo)

Para dar **órdenes, instrucciones, advertencias, consejos o pedidos**, puedes usar el imperativo. Se forma con el infinitivo del verbo y no se usan pronombres:

Close the door.

Cierra la puerta.

Don't move!

No se muevan.

Turn left.

Dobla a la derecha.

▶

Be careful!

¡**Ten** cuidado!

Please, **try** this.

Por favor, **prueba** esto.

Exclamations (Exclamaciones)

Para formar oraciones exclamativas, puedes usar **What** y **How:**

-**What + a + adjective** (adjetivo) **+ singular noun** (sustantivo singular)**:**

What a lovely place! (usas «a» porque «place» es singular)

¡**Qué** lugar hermoso!

-**What + adjective** (adjetivo) **+ plural noun** (sustantivo plural)**:**

What beautiful girls! (no usas «a» porque «girls» es plural)

¡**Qué** muchachas hermosas!

-**How + adjective:**

How interesting!

¡**Qué** interesante!

How terrible!

¡**Qué** terrible!